객관성의 함정

*KYAKKANSEI NO OTOSHIANA*
**by Yasuhiko Murakami**

Copyright ⓒ Yasuhiko Murakami, 2023
All rights reserved

Original Japanese edition published by Chikumashobo Ltd.
Korean translation copyright ⓒ 2025 by Moonhak Soochup Publishing Co., Ltd.
This Korean edition published by arrangement with Chikumashobo Ltd., Tokyo,
through The English Agency (Japan) Ltd. and Danny Hong Agency

이 책의 한국어판 번역권은 대니홍 에이전시를 통한 저작권사와의 독점 계약으로
㈜문학수첩에 있습니다. 저작권법에 의해 한국 내에서 보호를 받는 저작물이므로
무단전재와 복제를 금합니다.

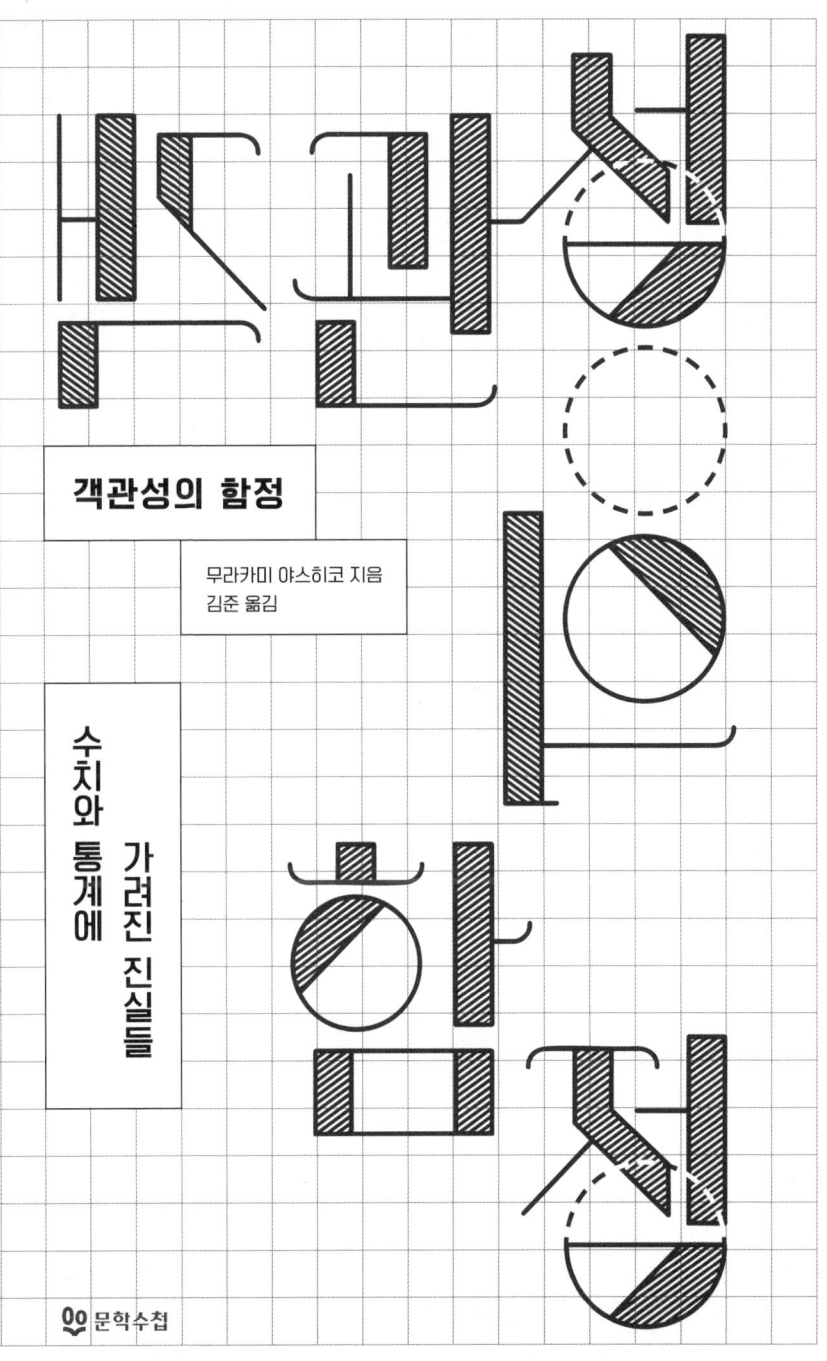

# 객관성의 함정

무라카미 야스히코 지음
김준 옮김

수치와 통계에 가려진 진실들

문학수첩

# 차례

들어가며 → 7

● 제1장
## 객관성이 진리가 된 시대  15
1. 객관성의 탄생 → 17
2. 측정과 논리 구조 → 24

✚ 제2장
## 사회와 마음의 객관화  33
1. '사물'화되는 사회 → 35
2. 마음의 객관화 → 41
3. 지금까지의 논의를 돌아보며 → 47

♥ 제3장
## 숫자가 지배하는 세계  51
1. 우리에게 친근한 숫자와의 경쟁 → 53
2. 통계가 갖는 힘 → 61

＝ 제4장
## 사회에 도움이 되기를 강요하다  71
1. 경제적으로 도움이 되는 일이 가치가 되는 사회 → 73
2. 우생사상의 흐름 → 82

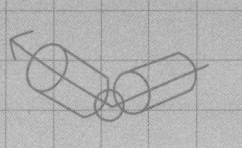

★ 제5장

# 경험의 언어화   99

1. 이야기와 경험 → 101
2. '생생한 경험'이란 무엇인가 → 119

▲ 제6장

# 우연과 리듬 - 경험의 시간에 대하여   125

1. 우연을 받아들이다 → 127
2. 섞이지 않는 리듬 → 143
3. 변화의 다이너미즘 → 147

÷ 제7장

# 생생한 경험을 포착하는 철학   155

1. 경험 내부에서의 시점 → 157
2. 현상학의 윤리 → 165

■ 제8장

# 경쟁에서 탈출했을 때 보이는 풍경   175

후기 → 201
참고문헌 → 205

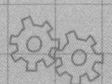
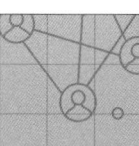

**➕ 일러두기**

1. 이 책은 村上靖彦, 《客観性の落とし穴》(筑摩書房, 2023)을 번역한 것이다.
2. 본문의 각주는 원주이며, 역주는 본문 중에 ' - 옮긴이'로 표시했다.
3. 원서에서 저자가 방점을 찍어 강조한 부분은 진하게 표시했다.
4. 책에 나오는 인터뷰는 화자의 뉘앙스를 살리기 위해 되도록 원문에 가깝게 번역했다.

=●÷+
**들어가며**

대학교 1, 2학년생들이 수강하는 대규모 수업에서는, 의료 현장이나 빈곤 지구의 육아 지원 현장에서 내가 해왔던 인터뷰를 교재로 사용하는 일이 많다. 그런 경우, 학생들에게서 다음과 같은 질문을 종종 받는다.

"교수님이 하시는 말씀에 객관적인 타당성은 있나요?"

내 연구는 곤궁한 상태에 놓인 당사자와 그들을 도와주는 지원자들의 이야기를 한 명 한 명 상세히 분석한 것으로, 수치로 만들어진 증거 자료는 없다. 그런 까닭에 학생들이 객관성이 부족하다고 느끼는 것은 어쩌면 당연한 일이다. 하지만 다른 한편으론 학생들이 그렇게 객관성과 수치를 신용해도 괜찮은가 하는 생각이 들 때가 있다. '객관성', '수치화한 증거'는 현대사회에서 진리처럼 여겨지지만, 객관적인 데이터가 없더라도 의미 있는 사상(사물과 현상)은 분명 있을 것이다.

수치에서 과도한 가치를 찾으면 사회는 어떻게 될까? 객관성에만 가치를 둘 경우 한 사람 한 사람의 경험은 살펴보지 못하게 되는 게 아닐까? 그런 생각을 한 것이 이 책을 집필하게 된 동기라 할 수 있다.

특히 신경 쓰이는 것은 수치에 무게가 실린 결과 지금 사회에서 비교와 경쟁이 심해진 게 아닌가 하는 점이다.

앞에서 예를 들었던 내 수업에서는 사람들을 도와주는 직업을 가진 수많은 사람들, 그리고 신체에 장애가 있는 당사자, 약물의존증 때문에 교도소를 경험한 사람, 차별을 겪은 사람 등 이런 분들을 게스트로 모신다. 대학에 막 들어온 젊은 학생들을 앞에 두고, 생명이란 무엇이고 죽음이란 무엇인가, 혹은 현대 일본에서 차별과 장애가 어떤 식으로 문제가 되는가 등을 생각할 기회를 갖는 것이다. 그때 학생들에게서 다음과 같은 질문을 받은 적이 있다.

"누구나 행복해질 권리가 있다고 말하지만, 장애인들은 불행하지 않은가요?"

애초에 장애란 무엇일까? 흔히 'impairment'가 기질적인 결함으로서의 장애를 뜻하는 데 비해 'disability'는 환경이 정비되지 않은 까닭에 할 수 없는 일이 생기고 마는 장애를 가리킨다.

지방에서 생활하는 사람이 자가용 승용차가 없어서 불편하다고 할 때 '장애'라는 말을 사용하지는 않는다. 하지만 엘리베이터가 없으면 위층으로 올라갈 수 없는 휠체어 사용자는 '장애인'이라고 불린다. 엘리베이터라는 환경만 갖추면 불편이 발생하지 않는데도 그렇다. 'disability'는 바로 이러한 경우를 말한다. 어떤 환경이 갖춰졌느냐에 따라 어느 장면에서는 장애가 발생하고 또 어느 장면에서는 발생하지 않는다. 또 농인의 경우 농인 그룹 안에서는 커뮤니케이션을 하는 데 아무 부자유도 없다. 하지만 농인이 청인의 사회에 들어가면 곧바로 '청각장애인'으로서 불편을 감수해야 하고 때로는 차별을 받는다. 즉 'disability'의 의미에서 장애를 생각할 때는 환경이 정비되어 있는가, 그렇지 않은가 하는 사회 쪽의 자세가 문제가 되는 것이다.

만약 '장애인은 불행하다'고 한다면 그것은 사회 쪽 준비의 문제다. 그 외에도 행복/불행의 기준이 어디에 있는지를 타인이 판단할 수 있는가 하는 의문도 남는다.

빈곤 문제에 대해 토론했던 수업에서는, 생활보호를 둘러싸고 이런 말을 들은 적이 있다.

"일할 의사가 없는 사람을 세금으로 구제하는 것은 이상하다."

우리는 열심히 일을 하고 그렇게 얻은 얼마 되지 않는 수입에서 세금을 낸다. 확실히 고생해서 일한 내가 낸 세금으로 '일할 의사가 없는 사람'을 도와준다면 화가 날지도 모른다.

하지만 어쩌면 '일할 의사가 없는' 사람에게는 어떤 사정이 있을지도 모른다. 나는 현장연구 중 우울증으로 아침에 잘 일어나지 못하는 어떤 한부모가정의 어머니를 만난 적이 있다. 그 어머니는 파트너의 가정폭력 탓에 아이를 데리고 도망쳤지만, 폭력의 후유증으로 생긴 우울증 때문에 고통받고 있었다.

정신장애나 발달장애 같은 사정으로 안심하고 일할 수 있는 환경을 얻지 못한다면, 그것은 사회 쪽에서 배제하고 있는 탓일 수도 있다. 한 번쯤은 일하고 싶다고 생각했지만, 일을 할 기회가 없는 탓에 일하기를 포기하는 사람도 있다. 그런 사람들이 일하기 쉬운 환경을 만드는 게 어려운 사회라면, 사회가 그 사람들의 생활을 보장하는 것이 자연스러운 일일 것이다.

학생들의 코멘트는 아마도 우리 사회의 대표적인 의견일 것이고, 나 자신도 과거에 똑같은 생각을 했다. 학생들이 사회적으로 약한 입장에 있는 사람들에게 엄격한 것은 애당초 사회 안에 그런 엄격한 시선이 널리 퍼져있기 때문이다. 그리고 이 말에는 사회를 어떻게 생각하면 될지, 어떻게 행동하면 나 자신이 살기 편해질지에 대한 힌트도 있다. 따라서 이 책에서는 우리 자신을 괴롭히는 발상의 원인을 수치와 객관성에 대한 과도한 신앙 안에서 찾아보려 한다.

얼핏 보면 객관성을 중시하는 경향과 사회적 약자들에 대해 엄격한 경향은 직접적인 관계가 없어 보인다. 하지만 이 두 경향은 숫자에 의해 지배되는 세상에서 인간이 서열화된다는 공통적인 요소가 있다. 그리고 서열화되었을 때 행복한 사람은 사실상 거의 존재하지 않는다. 승리한 사람은 소수에 불과할 테고, 스스로 승리했다고 생각하는 사람 또한 항상 경쟁으로 위협받아 불안하기 때문이다.

또 사회를 향한 이러한 엄격한 시선은 학생들 자신도 괴롭히고 있다. 왜냐하면 자기 자신을 숫자로 얽어매고 경쟁으로 몰아넣기 때문이다. 과거의 나 또한 그랬다. 경쟁하는 일이 사회에서 중요하다고 생각했다. 현재 내가 가르치는 학생들 중 많은 수가 스스로를 경쟁으로 내몰며 괴롭히고 있다. 나는 이 숫자와 경쟁에 대한 강박에서 해방됨으로써 스스로 편해질 수 있었다.

그렇다고 숫자를 이용하는 과학의 원리를 부정하고 싶은 것은 아니다. 숫자에 기반하는 객관적인 근거는 다양한 점에서 효과적이고, 그에 의해 설명 가능한 현상이 많다는 사실도 안다. 그럼에도 숫자만 우선시해 생활이 완전히 숫자에 지배되는 사회의 존재 방식에는 의문이 있다. 숫자에 대한 소박한 신앙, 혹은 수치화되지 않는 것을 숫자로 바꾸려고 하는 경향에 대해서도 반문하고 싶다.

이 책의 전반부에서는 객관성과 수치화를 주제로 이야기한다.

제1장에서는 객관성이라는 발상이 탄생하고, 자연 연구가 객관성의 탐구와 동일시되고 만 역사를 돌아본다.

제2장에서는 자연뿐 아니라 사회와 심리까지 객관적으

로 생각하게 되면서 비롯된, 현대사회에 발생한 결과를 고찰해 본다.

제3장에서는 수치에 의한 측정이 탄생하고, 진리를 수치로 나타낼 수 있다고 생각하게 된 역사를 돌아본다.

제4장에서는 수치가 중시된 결과 도움을 주는 일에 대한 강박관념이 생기고, 서열과 경쟁이 사회의 규칙이 된 경위를 좇는다. 현대사회에서의 차별과 배제는 수치에 대한 신앙과 분리해서 생각할 수 없다.

이 책의 후반부에서는 객관성과 수치화에 대한 과도한 신앙에서 멀어진다면 과연 어떤 식으로 생각하면 좋을지를 제안한다.

제5장에서는 객관성과 수치가 중시되는 상황에서, 잃어버린 한 사람 한 사람의 경험의 무게를 회복하기 위해 '이야기'를 진지하게 받아들일 것을 제안한다. 그리고 개별 경험과 이야기를 소중히 하는 일이 얼마나 복잡한지를 생각한다.

제6장에서는 우연성과 리듬이라는 관점에서, 객관적이고 수치화된 시공간과는 다른 경험의 시간에 대해 생각해 본다. 개개인의 경험을 객관성에서 완전히 분리하여 위치시키고자 하는 것이다.

제7장에서는 한 사람 한 사람의 시점에서 경험을 해명하

는, 사고의 하나로서의 '현상학'이라는 기법을 소개한다.

결론 대신이 되는 제8장에서는 경쟁과 숫자에 기반하는 비인칭적인 제도가 아니라, 케어(돌봄)에 기반한 얼굴이 보이는 관계를 통해 사회를 만들어 갈 수 있을지 그 가능성에 대해 생각하며 이 책을 마치고 싶다.

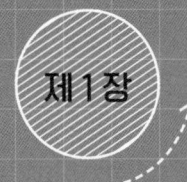

# 제1장

## 객관성이 진리가 된 시대

# 1 ≡ ● ÷ ✛　　　　　　　　　객관성의 탄생

**통증의 객관화**

이 책의 전반부에서는 과학적 진리가 절대화되면서 인간의 경험까지도 과학적 타당성과 수치로 측정해 온 결과 우리 세계에 어떤 일이 일어났는지를 생각해 본다. 제1장에서는 진리 그 자체와 동의어처럼 사용되는 '객관성'이 어떤 식으로 탄생했는지를 돌아보고, '객관성이야말로 진리'라고 간주하게 되기까지의 흐름을 살펴보고자 한다.

내가 객관성에 대한 과도한 신앙에 위화감을 느끼기 시작한 것은, 의료와 관련된 연구를 하면서부터다. 의료는 객관성을 무척이나 중시하는 분야로, 객관적인 데이터의 축적을 통해 진단과 치료법을 개량하기 마련인데, 암 간호를 전문으로 하는 간호사와 인터뷰할 때 다음과 같은 장면이 있었다.

하루키 씨: 무척이나 인상적인 방광암 말기 환자가 있었어요. 제가 아직 2년 차 간호사였을 때인데, 간호사 선배는 "저 환자는 통증을 못 느낄 거야"라고 했지만 환자는 저를 보면 항상 "아파요" 하고 호소했습니다. '아프다'고 하니까 '어떻게든 해주고 싶다'는 생각에, 의사 선생님과 의논해서 여러 가지 처방을 하곤 했어요. 하지만 저 말고 다른 의료진은 여전히 진통제를 사용하지 않았고, 환자도 제가 담당일 때만 '아프다'고 말하는 것이었습니다. 그래서 '어라, 어떻게 된 걸까?' 하고 생각했죠. 어쩌면 '저 환자는 통증을 못 느낄 것'이라는 간호사 선배의 객관적인 판단과 '그렇지만 본인이 저렇게 아프다고 하는 이상 정말 아픈 것이니 뭐라도 해야겠다'는 제 생각, 둘의 마음가짐의 차이 때문이 아닐까.
어쨌거나 의사 선생님과 의논해 보면 어떤 냉정한 분은 환자의 '기분 탓'일 거라고도 합니다. "아프다고는 해도 별로 아프지 않을 거야"라거나 "기분 탓 아닐까?" 하는 말을 들으면 '왜 그런 식으로 받아들이는 걸까?' 싶을 때가 있어요.

'아프다'는 환자의 호소가, 검사 데이터라는 객관적 자료를 보는 의료진의 판단에 의해 무시되는 것이다. 이처럼 객관성이라는 이름 아래 환자 본인의 목소리가 존중받지 못하는 경우가 있다는 것은 의료 현장을 취재할 때 자주 듣는 얘기다.

한 사람 한 사람 개별적인 경험의 가치가 하락할 때 경험의 의미는 어떤 것이 될까? 지금부터 과학적인 객관성에 의한 지배가 역사 속에서 어떻게 성립되었는지를 돌아봄으로써, 우리 한 사람 한 사람의 경험이 어떤 방식으로 지워지는지를 확인해 보자.

## 200년밖에 안 되는 역사

자연, 사회, 시간, 마음과 같은 세계의 온갖 사상은 19세기부터 20세기에 걸쳐 객관적으로 인식할 수 있는 것이 되었다. 그러면서 객관적인 사상이야말로 진리라는, 현대인 대다수가 공유하는 발상이 탄생한다. 하지만 객관성이 세계를 지배한 역사는 기껏해야 200년 정도밖에 되지 않는다. 과학사학자 로레인 대스턴(Lorraine Daston)과 피터 갤리슨(Peter Galison)이 쓴 《객관성》이라는 책에 따르면, 19세기 중반에 출간된 서적을 통해 드디어 '객관성'이라는 단어가 보급되기 시작했다고 한다.

영국의 문필가 토머스 드 퀸시(Thomas De Quincey)는 1865년 《아편 상용자의 고백》 제2판에서 '객관성'에 대해 다음과 같이 기록했다. "이 말은 1821년(초판의 출판 연도)에는 거의 이해되지 못했는데, 너무나 높은 수준의 스콜라학적 단어였기 때문이다. 그 결과 익숙한 일상 단어 가운데서는 너무도 현학적이었으며……"[1]

아무래도 '객관성'이라는 단어는 19세기 초만 해도 신조어였고 19세기 후반에야 보급된 듯하다.

'객관적(objective)'이라는 말은 옛날부터 존재하기는 했지만 17세기에는 '주관적'이라는 의미를 포함하고 있었다. 예를 들어 철학자 데카르트(René Descartes, 1596~1650)는 1641년 출판된 저서 《성찰》에서 'realitas objectiva'라는 개념을 사용했다.[2] 현재의 어감으로는 오브젝트와 관계가 있으므로 '객관적 실재'로 번역될 것 같지만, 실제로는 '마

---

1. 로레인 대스턴, 피터 갤리슨, 《객관성》, 세토구치 아키히사 옮김, 나고야대학출판회, 2021, p.24.
2. Descartes, R.(1976), *Œuvres philosophiques*, tome Ⅱ(1638~1642), Paris: Garnier(데카르트, 《성찰》, 야마다 히로아키 옮김, 지쿠마학예문고, 2006).

음에 그린 실재'라는 의미였다. '신에 관한 개념은 다른 관념보다 더 많은 realitas objectiva를 포함하고 있다' 하는 식으로 사용된 것이다. realitas 'objectiva'는 내가 사유하는 관념의 내용물이자 '주관적'인 것이었다.

객관적 데이터야말로 옳다고 생각하는 것은 지금이야 당연한 감각이지만, 역사적으로는 조금씩 조금씩 생겨난 발상이다. 당시 과학 연구 성과를 공공의 장에서 발표할 때 그것을 보증하는 일의 모델이 된 것은 재판에서 이뤄지는 판결이었다고 한다. 17세기 런던 왕립협회에서는 권위 있는 학자가 실험에 입회하여 실험의 신빙성을 증언함으로써 진리를 판단했다.

> [권위 있는] 고전의 기술(記述)에 반하는 개인의 체험은 단순한 일탈로 치부되어 '진정한 경험'으로 인정받지 못한다. 실험실에서의 개인적 경험을 공공의 지식으로 변환하는 일이 유럽 각국 아카데미의 공통 과제가 된 것도 바로 그 때문이다. '[증언을 모방한] 재판의 레토릭'이야말로 이 문제에 대한 해결책이었던 것이다.[3]

---

3. 마쓰무라 가즈시, 《에비던스의 사회학-증언의 소멸과 진리의 현재》, 세이도샤, 2021, p.203.

근대적 의미에서의 과학적 탐구가 시작된 17세기는 시간에 여유가 있는 귀족들이 과학의 중심에 있었다. 그리스도 교회가 강력했던 당시, 성서와 아리스토텔레스의 가르침이 '고전'으로서 절대적인 권위를 지니고 있었다. 하지만 근대의 과학적 탐구는 (지동설을 제창한 코페르니쿠스와 갈릴레오의 예를 비롯해) 교회가 인정하는 진리와는 양립되지 않는 결과를 가져온다. 이렇게 되면 신의 권위와는 다른 권위가 필요하다. 17세기에는 일단 증언자의 권위에 의해 진리가 보증되었다. '인간의 증언'을 '사물의 증거'보다 우선한 것이다.[4]

하지만 점차 권위 있는 학자에 의한 증언으로 바뀌었고, 기기의 측정에 의해 진리가 결정되게 된다. 갈릴레오(Galileo Galilei, 1564~1642)가 피사의 사탑에서 무게가 각기 다른 크고 작은 구체를 낙하시켰더니 동시에 착지했음을 보여주고, '기체의 부피는 압력과 반비례한다'는 보일의 법칙으로 잘 알려진 로버트 보일(Robert Boyle, 1627~1691)이 공기 펌프 실험을 한 것처럼, **실험에 의한 객관성**이 탄생했다. 점차 목격자의 증언에서 독립해 '객관적'인 진리가 성립

---

4. 마쓰무라 가즈시, 앞의 책, p.268.

되었던 것이다.

그 뒤 여러 대학에 실험실이 설치되는 19세기에 이르면 역사에서 측정이 중요시된다.[5]

객관성의 중요한 요소인 이 측정과 관련해서도 역사를 조금 더 살펴보자.

---

5. 마쓰무라 가즈시, 앞의 책, pp.269~273.

# 2 측정과 논리 구조

**진실을 투영하는 이미지**

2014년, 동물 세포를 특정한 종류의 산(酸)에 적시면 그 어떤 세포로도 분화할 수 있는 만능 세포가 된다는 사실이 '발견'되었다. 그러나 그것을 증명한 논문에 이미지 수정과 날조가 있었음이 밝혀지면서 논문은 철회되었다.[6] 이 STAP 세포 사건(일본을 포함한 국제 공동연구진이 《네이처》에 발표한 줄기세포 논문이 조작된 것으로 밝혀진 사건-옮긴이)은 이미지가 객관성을 보증한다는 사회적인 합의를 반대로 이용한 것이라고 할 수 있다.

---

6. 〈이화학연구소 연구 논문의 의의에 관한 조사위원회, 연구 논문의 의의에 관한 조사보고서〉(2014). http://www3.riken.jp/stap/j/f1document1.pdf(2023년 1월 21일 최종 열람).

과학은 이미지를 많이 이용해 왔다. 현미경을 사용한 세균학이며, fMRI처럼 대규모 기계로 장기를 촬영하는 의학 및 신경과학이 그 뚜렷한 예라고 할 수 있다. 즉 지금도 이미지는 객관성을 보증하는 수단이다. 동시에 이 객관성은 사진을 가공하거나 유리한 실험 결과만 데이터로 채용함으로써 결과를 비교적 쉽게 왜곡할 수 있다.

아름다운 데생(소묘)을 다수 남긴 18세기부터 19세기 전반까지의 자연과학은, 실제로는 눈앞에 있는 샘플을 충실하게 묘사한 게 아니라 이상형을 그린 것이라고 한다. 즉 객관성을 추구한 게 아니라 자연의 본성 정착을 목표로 했다고, 앞에서 언급했던 대스턴과 갤리슨은 말한다.[7] 우연에 의한 오차나 기형(奇形)으로 가득한 구체적인 자연이 아니라, 신이 창조한 자연이 나타내어 마땅한 아름다운 진실(truth), 이념을 그리는 것이 요구되었던 것이다.

스웨덴의 박물학자 카를 린네(Carl Linné)가 만든 식물도감도 '객관적이라 말하기 어려운' 것이었다고 한다.[8] 샘플을 정확히 묘사하는 게 아니라, 특징을 강조해 풀꽃의 일반

---

7. 로레인 대스턴, 피터 갤리슨, 앞의 책, 제2장.
8. 위의 책, p.45.

게오르크 에레트[9]의 그림.

적인 모습을 제시한 것이다. "린네 등 계몽기의 학자들이 의거했던 규범은 객관성이 아니라 본성(자연)에 대한 충성(truth to nature)이었던 것이다."[10] 과학자는 신이 창조한 자

---

9. 게오르크 에레트. https://ja.wikipedia.org/wiki/%E3%83%AA%E3%83%B3%E3%83%D%E5%BC%8F%E9%9A%8E%E5%B1%A4%E5%88%86%E9%A1%9E%E4%BD%93%E7%B3%BB(2023년 3월 9일 최종 열람).

10. 로레인 대스턴, 피터 갤리슨, 앞의 책, p.45.

연의 이념에 직관적으로 곧장 도달하는 인물이었다. 18세기의 학자들은 이 직관을 이미지화한 것이다.

### 기계에 의해 측정된 객관성

신의 권위가 약해지는 가운데 18세기 후반의 계몽사상이나 프랑스 혁명 이후의 서구 사회에서는, 학문의 진리는 신이 보증하는 것이 아니라 자연 그 자체의 현상에서 확인해야 하는 것이라는 생각이 대두되었다. 자연의 이념을 그리는 것이 아니라 자연 그 자체를 **객관적으로** 그리려고 한 것이다. 이렇게 '객관성이 곧 진리'라는 통념이 만들어진다. 19세기 중반에 이르자 '객관적인' 이미지를 어떻게 만드는가가 커다란 과제가 되었다.

기계에 의한 객관적인 측정은 이 맥락 안에서 탄생한 것이다. 사회학자 마쓰무라 가즈시(松村一志)는 측정을 시대순으로 대략 다음과 같이 여섯 단계로 나누어 정리했다.

① 감각의 단계……신체 감각에 의해 확인
② 시각화의 단계……물질 변화를 눈으로 확인
③ 수량화의 단계……물질 변화에 눈금(기준)을 부여
④ 오차 이론의 단계……[여러 번 측정하여] 측정의 정밀도를 오차 이론에 의해 분석

⑤ 지시·기록 기구의 단계······물질 변화가 눈금상의 지침 움직임으로 변환되어 기록

⑥ 디지털화의 단계······수량을 디지털로 표시[11]

①에서 ③까지는 측정자가 중요하기 때문에 증언에 의해 결과를 보증할 필요가 있다. 하지만 ④ 이후로는 기계가 자동적으로 계측하게 되었고, 측정 결과는 연구자의 손을 떠나 독립한다. 즉 '보다 객관적'이게 된 것이다.

하지만 기계가 있음으로 해서 객관성이 추구된 것이 아니라, 객관성을 추구하려는 의지가 오히려 더 앞섰던 것 같다. 예를 들어 19세기에 발전한 사진이라는 신기술은 위조 및 수복이 가능하다. 사진 기술 덕분에 객관성이 중요시된 게 아니라 기계적인 객관성을 지향하는 요청이 먼저이며, 사진은 그 요청 때문에 중요한 수단이 된 것이다.[12]

객관성이란 사람의 눈이라는 모호한 존재에 '방해받지 않고 보는' 것을 지향한다.[13] 이리하여 기계적 객관성이 성립되었다. 사진이라는 기계를 얻음으로써 '인간에 의한 판단에서 해방된 표상을 손에 넣을 수 있다'고 믿게 된 것이

---

11. 마쓰무라 가즈시, 앞의 책, p.278.
12. 로레인 대스턴, 피터 갤리슨, 앞의 책, p.132.
13. 위의 책, p.150.

다.[14] 자연은 신으로부터도 인간으로부터도 분리되어, 그 자체로 성립하는 리얼리티가 되었다. 자연을 인간에게서 떼어내 정확하게 인식하고자 하는 의지가 주관성의 배제와 객관성에 대한 집념을 만들어 낸 것이다.

### 법칙이라는 객관성

19세기 말부터 객관성은 새로운 단계로 진입한다. 측정 또는 기록된 이미지의 정확성에 의거한 기계적 객관성이 법칙, 기호를 이용하는 논리 구조에 주역의 자리를 양보하게 된 것이다.[15]

예를 들어 고틀로프 프레게(Gottlob Frege, 1848~1925) 등이 19세기 말부터 이뤄낸 현대 수학의 진전도, 인간의 조작과는 상관없이 성립된 논리적인 관계 안에서 수학의 기초를 추구하게 되었다. 또한 물리학에서도 맥스웰 방정식과 같은 구조가 과학적인 실재로 간주되었다.[16] 측정이 아닌 방정식과 논리식이 객관성이 되었다는 것이다. 바꿔 말하

---

14. 로레인 대스턴, 피터 갤리슨, 앞의 책, p.110.

15. "[기계적 객관성이 지향한 것과 같은] 인간의 해석으로 오염되지 않은 이미지를 만들거나, 해석 없이 기기를 측정하는 것만으로는 이미 충분하지 않다. 기계적 객관성은 과학적 표상에서 이상화 및 심미성을 엄격하게 방기했다. 구조적 객관성은 표상 모두를 버리고 떠났다."(위의 책, p.208)

16. 위의 책, p.210, 214.

면 '그것은 무엇인가?'가 아니라 '사상과 사상이 어떤 관계로 연결되어 있는가?'로 초점이 옮겨갔다는 뜻이다.

19세기 말부터 20세기 초에 걸쳐 활약한 물리학자 앙리 푸앵카레(Henri Poincaré, 1854~1912)는 다음과 같이 말했다.

> "과학의 객관적 가치란 무엇인가?"를 물을 때, 그 말은 "과학은 사물의 진정한 성질을 알려주는가?"를 의미하는 게 아니다. "과학은 사물의 진정한 관계를 알려주는가?"를 의미한다.[17]

개개의 대상이 아니라 대상 간의 법칙이야말로 객관성이라고 간주되게 된 것이다. 법칙성이 중시됨으로써 인간이 관여할 여지는 한층 더 말소된다. 또한 법칙의 방정식에는 어떤 수치도 대입될 수 있으므로 개별 대상도 말소된다. 수식과 수치만 남는 것이다.

법칙성의 추구에 의해 모든 학문의 성과는 연구자의 의식에서 벗어나 객관적으로 보증받게 된다. 이미지도, 기계에 의한 측정도 분리되었으며, 논리적인 정합성만이 자연

---

17. 앙리 푸앵카레, 《과학의 가치》, 요시다 요이치 옮김, 이와나미문고, 1977, p.278.

의 과학적 진리를 알아맞힌다고 여겨졌다.[18]

논리적 구조가 지배하는 완전한 객관성의 세계가 자연과학에서 실현되면, 자연은 사실 그대로의 모습으로 나타나기를 멈추고 수치와 식으로 전환되고 말 것이다. 과거 자연을 탐구해 왔던 자연과학은 자연이 지닌 리얼한 질감을 놓치게 된다. 비나 바람의 소리와 냄새, 초목을 우거지게 만드는 생명력이 사라지는 것이다(물론 사물 및 현상의 리얼리티에 집착하는 생물학자 및 생태학자도 있겠지만). 객관성을 탐구하는 일에서 자연 그 자체는 과학자의 손을 벗어나고 수치화된 자연만이 과학자의 손에 남는다.[19]

제1장에서는 객관성이라는 개념이 발명되고 자연이 객관적인 것으로 취급받게 된 역사를 돌아보았다. 제2장에서는 자연뿐 아니라 인간의 경험과 관련된 사회 및 심리까지도 객관화되는 모습을 살펴본다.

---

18. 하지만 객관성을 추구하는 노력이 진행된 결과, 계측이나 묘사에서 주관성의 개입을 배제하는 일이 지극히 어려웠고 최종적으로는 불가능한 경우도, 20세기 초기에는 과학자들의 공통적인 양해 사항이 되어간다.(로레인 대스턴, 피터 갤리슨, 앞의 책, p.156) 기묘하게도 수학적 구조의 지향 및 객관성의 위치가 움직이면서 동시에 복잡한 데이터에서 구조를 직관적으로 파악하는 연구자의 경험도 다시 중요해진다고 한다.(같은 책, p.262) 기계적으로 진리에 도달하는 일도 가능할까? 요원한 길인 동시에, 훈련에 의해 숙달된 연구자의 직관이 중시된다.

19. 이 사실은 우리 역시 그 일부인 자연, 우리가 그 안에서 살고 있는 자연을 애당초 외부에서의 시점으로는 포착할 수 없는 게 아닌가 하는 사실을 암시한다. 자연을 생성 및 발견과 동일시한 하이데거처럼 그 부분을 강조한 철학자도 있다.

# 제 2 장

# 사회와 마음의 객관화

# 1 ≡ ● ÷ ✚  '사물'화되는 사회

## 사물로서의 사회

제1장에서는 역사 속에서 자연이 객관화된 과정을 돌아보았다. 자연과학이 발전하는 가운데, 객관적이지 않았던 자연이 누구에게나 객관적인 것이 되었다. 제2장에서는 자연뿐만이 아니라 인간의 경험과 분리할 수 없는 사회가 (인간으로부터 분리되어) 객관화되고, 또 '주관적'인 것이었던 마음까지도 객관화되어 가는 프로세스를 살펴본다.

가장 먼저 '사회'라는 것을 객관적으로 파악하는, 학문으로서의 사회학을 시작한 에밀 뒤르켐(Emile Durkheim, 1858~1917)에 대해 알아보도록 하자.

이리하여, 여기에는 무척이나 특수한 성질을 나타내는 일군의 사실이 존재한다. 즉 그것들은 행위, 사고 및 감각의 의식에서 성립되었으며, 개인에 외재하고, 스스로를 개인에 부여하는 강제력을 갖추고 있다. (……) **사회적**(sociaux)이라는 형용은 이들 사실에게만 부여되고 확보되어야 한다.[1]

'사회'라는 단어는 애매하고 종잡을 수 없다. 하지만 에밀 뒤르켐은 어느 정도 균질성 있는 집단이 지닌 '행위, 사고 및 감각의 양식'이 '사회'의 특징이며, 이 '양식'은 집단에 속한 개인에 대해 강제력을 갖는다고 주장한다. 이와 같이 정의할 경우 사회는 개개인의 주관에서 분리된 객관적 사실이 된다. 뿐만 아니라 통계에 의해 양식의 경향을 파악할 수 있다고도 생각했다. 즉 객관화함으로써 사회를 수치로 취급할 수 있게 되고, 과학의 대상으로 삼을 수 있다는 것이다.

여하튼 사회현상은 [관념이 아니라] 사물이며, 사물처럼 취급해야 한다. (……) 실제로, 사물이란 관찰에 주어진 모든 것,

---

1. 에밀 뒤르켐, 《사회학적 방법의 규칙들》, 기쿠타니 가즈히로 옮김, 고단샤학술문고, 2018, p.53.

관찰에 제공된 것이라기보다 오히려 관찰에 강제된 모든 것이라 할 수 있다. 현상을 사물처럼 취급하는 일은, 그것이 과학의 출발점을 이루는 **자료**(data)이므로 그렇게 취급해야만 한다.[2]

에밀 뒤르켐은 사회를 '사물'로 파악했다. 그리고 사물은 데이터로서 수치화할 수 있다. 즉 객관적으로 관찰할 수 있는 것이었다. 에밀 뒤르켐이 쓴 《자살론》에서 보듯, 그는 객관적인 '사회'를 고찰하는 도구로 통계를 도입했다. 통계에 의해 수학화된 사상만이 사회학의 대상이 될 수 있다는 것이다. 《자살론》에 따르면 19세기 후반 유럽에서는 경기가 좋을수록 자살이 증가했다는 사실이 통계에 의해 밝혀졌다.[3] 이와 관련해서 에밀 뒤르켐은 다음과 같이 말한다.

특정 조건 아래 있는 생물의 생존 가능성이 다른 생물의 생존 가능성보다 작다는 사실을 증명하는 객관적인 방법은 하나밖에 없다. 그 방법이란 전자의 대부분이 실제로 후자보

---

2. 에밀 뒤르켐, 앞의 책, p.82.
3. 에밀 뒤르켐, 《자살론》, 미야지마 다카시 옮김, 주코문고(개정판), 2018, p.418.

다 단명한다는 사실을 밝혀내는 것이다.⁴

특정 집단의 대다수가 일찍 죽는다는 사실을 통계에 의해 보여주는 것이 객관적 사실에 대한 탐구이며, 이것이 뒤르켐 사회학의 목적이다. 객관성과 수치에 의거하는 뒤르켐 사회학은 그 귀결을 통해 정상(正常)과 이상(異常)을 구별할 수 있다. 다수자가 정상이고 소수자가 이상인 것이다.

가장 일반적인 형태를 나타내는 사실 쪽을 정상이라 부르고, 다른 한쪽의 사실에 병적 혹은 병리적이라는 말을 부여하자.⁵

즉 객관적으로 정의된 지표를 근거로 메이저리티(majority)에 포함되는지 포함되지 않는지를 판단할 수 있다. 그런 까닭에 인간도, 사회에서 관찰되는 사물과 현상도 정상적인 메이저리티와 이상한 마이너리티로 나눌 수 있다. 인간 및 사회에 객관성이 도입됨으로써, 제4장에서 논의하게 될 서열화된 사회가 나타난 것이다.

---

4. 에밀 뒤르켐, 《사회학적 방법의 규칙들》, p.116.
5. 위의 책, p.119.

**객관적인 역사**

근대 역사학 또한 레오폴드 폰 랑케(Leopold von Ranke, 1795~1886)가 객관성을 탐구하는 방법을 확립하고 과학을 지향한 데서 비롯되었다고 한다. 일본의 역사학자 오다나카 나오키(小田中直樹)는 다음과 같이 정리했다.

> 첫 번째, 자료를 수집하는 일.
> 두 번째, 자료를 비판하는 일.
> 세 번째, 옳다고 판단한 자료(의 부분)에 근거해 과거 사실을 기술하는 일.
> 이 세 단계가 랑케가 제창하고 그 뒤 오랫동안 역사학자들이 수용해 온, 역사학자들이 일하는 순서입니다. (……)
> 랑케에게 역사학이란 과거의 사실을 명백히 한다는 연구 목적을 달성하기 위해, 자료라는 연구 대상을 이용해 자료 수집, 자료 비판, 사실 기술이라는 연구 순서를 밟는 학문의 영역이었습니다.
> 명확한 연구 목적, 연구 대상 그리고 연구 순서를 가진 학문 영역은 과학이라 불러도 지장이 없을 것입니다.[6]

---

6. 오다나카 나오키, 《역사학 취급 설명서-역사의 관점이 바뀔 때》, 지쿠마프리마신서, 2022, pp.53~54.

무엇보다 객관적인 사실을 통해 신뢰할 수 있는 자료의 확정에 무게를 두는 점이 '과학'으로서의 역사학이 갖는 특징이라 하겠다. 오다나카 나오키에 따르면 랑케 이후의 역사학은 오히려 객관주의 발상을 비판하는 방향으로 발전했다고 한다. 그렇다고 해도 역사학은 사회학과 같은 시기에 객관성에 근거하는 학문으로 성립되었다 할 수 있다. 사람들이 살아가는 모습의 총체라고도 할 수 있는 사회와 역사는 이런 식으로 사람들로부터 분리되고 객관적인 사실로서 학문의 대상이 되었다.

# 마음의 객관화

**세계에서도 경험에서도 이탈하는 자기(自己)**

지금까지 자연이 객관적인 진리가 되고 사회 또한 사람들로부터 분리되어 객관적인 대상이 되어가는 모습을 살펴보았다. 그 과정에서 인간의 경험은 과학적 지식과 분리되었다. 하지만 객관화의 흐름이 확대되면서 인간의 경험까지도 객관적으로 기술되게 되었다.[7]

마음(혼, 자기)에 대한 탐구는, 서구로만 한정한다 해도 플라톤 이후 최소한 2,500년이라는 역사를 갖는다. 철학에서

---

7. 물론 역사는 단선적(單線的)으로 진행되지는 않는다. 자연을 대상화하는 일 없이 인간의 경험과 일체인 무언가로 받아들이는 사상은 아마도 스피노자, 라이프니츠, 셸링 등의 계보까지 올라갈 수 있을 테지만 이 책에서는 생략한다.

마음(혼, 자기, 의식, 주관성)의 탐구는 자기 자신에 대한 관찰에 의해 이루어졌다. 즉 '마음'은 자신의 경험을 바탕으로 탐구되어 왔다. 근대 철학의 출발점인 데카르트가 "나는 생각한다, 고로 존재한다"라고 쓴 것은 확실한 앎의 기반을 '자기 자신이 사고하는 것을 스스로 의식할 수 있다'는 자기 성찰에서 찾은 결과물이었다.

자기 성찰을 중심으로 발전한 서양의 근대 철학은 경험에서 분리된, 확실성을 갖는 '자기'를 철학의 기본으로 삼으려 했다. 데카르트의 '나는 생각한다, 고로 존재한다' 또한 변모하는 불확실한 나의 경험을 말하는 것이 아니다. 경험이 어떻게 변하든, 혹은 꿈이나 환각에 빠져 불확실해진다 해도, 나쁜 영혼에 속아 넘어가 잘못된 사고를 한다고 해도, '생각한다'는 운동 그 자체는 분명 존재한다. 불확실한 경험에서 분리된, 확실하게 존재하는 사고를 확보하는 일이야말로 데카르트에게는 중요한 문제였던 것이다.

근대의 철학은 '나는 생각한다, 고로 존재한다'라는, 확실하게 존재하는 자기를 기점으로 삼아 세계를 인식하는 주관성의 구조를 고찰하는 방법으로 발전했다. 세계에서 분리된 확실한 '자기'가 확보됨으로써 비로소 세계를 객관적으로 바라볼 수 있게 된 것이다.

그 이후의 철학 흐름에서도, 철학에서의 '자기'나 '주관성'과 관련된 탐구 대다수가 이처럼 경험에서 분리되고자 하는 방향성을 지니고 있었다(예외로 데이비드 흄(David Hume, 1711~1776) 등이 주장한 경험론 철학이 있다). 경험에서 분리된 인식 주체로서의 '자기'가 있기 때문에, 경험에서 이탈한 객관으로서 세계와 사회도 탐구할 수 있다고 생각한 것이다. 하지만 이런 흐름은 심리학의 등장과 함께 변한다.

### 자기의 객관화

마음이나 자기 자신을 객관적으로 파악하고자 하는 실험심리학은 1879년 빌헬름 분트(Wilhelm Wundt, 1832~1920)가 라이프치히 대학 철학부에 심리학 실험실을 개설하면서 시작되었다. 단 19세기 말 실험심리학의 여명기에는 핵이 되는 자기 탐구를 위한 보조 수단으로 실험이 행해졌을[8] 뿐이었다. 다카하시 미오코(高橋澪子)의 《마음의 과학사》에 따르면 분트의 개인 심리학은 "'내관(內觀)'에 의한 '내밀한' 의식 과정의 분석 과정"[9]을 탐구하는 것이다. 저자인 다카하시는

---

8. 다카하시 미오코, 《마음의 과학사-서양 심리학의 배경과 실험심리학의 탄생》, 고단샤학술문고, 2016, p.145.
9. 위의 책, p.190.

"분트의 경우 '실험'은 내관적 방법에 앞선 예비적 조작으로서의 지극히 특수한 의미밖에 지니지 않았다"[10]는 점에 주의할 것을 요구한다. 하지만 분트의 제자 시대에 이르자, 실험에 의해 객관적으로 파악한 데이터야말로 '심리' 그 자체로 간주되고 만다. 연구자의 내성(內省)이 아니라 실험으로 측정된 피험자의 '심리 현상'이 학문의 대상이 된 것이다.

그 뒤 20세기가 되어 행동주의 심리학이 등장하면서 이러한 경향은 더욱 철저해진다. 내성은 사용되지 않고, "피험자는 이미 자기 자신의 내면에 대한 '관찰자'가 아니라, 주어진 자극에 반응하는 하나의 피험'체'에 불과해진다".[11] 즉 심리학이 대상으로 하는 '마음'은 측정 가능한 자극에 대한 단순한 반응을 의미하게 되었다. 심리 현상이란 단순한 데이터라는 것이다. 다카하시 미오코는 이어서 이렇게 말했다.

> 이는 예를 들자면 시각 실험이 행해지는 암실 안에서의 버저나 언어를 이용한 반응도 실험'자'와 피험'자'라는 두 인간 사이에서 이루어진 커뮤니케이션이 아니라는 것, 즉 피험자가

---

10. 다카하시 미오코, 앞의 책, p.206.
11. 위의 책, p.35.

자신이 보고 들은(자신이 경험하는) 것들을 실험자에게 알려주기 위한 '신호'가 아니라, 빛이나 소리 등의 자극에 대한 피험'체'의 '반응'(신체적 응답)의 일종일 뿐임을 의미한다. 거기에서는 실험자만이 유일한 관찰자이며, 또 그 실험자가 관찰하는 대상은 그곳에 있는 피험자가 보이는 '목소리를 낸다' 또는 '버저를 누른다' 등의 신체적으로 반응하는 모습들일 뿐이다.[12]

일상생활에서 사람의 '마음'은 누군가와의 커뮤니케이션을 통해 '나의 마음', '너의 마음' 하는 식으로 나타난다. 마음이라 불리는 현상은 '나에게서 너에게' 혹은 '너에게서 나에게'라는 교류의 현장에서 발생한다. 그러나 실험심리학에서는 인공적인 실험 세팅에 의한 자극이나 질문에 대한 '반응'이 '마음'으로 간주되며, 인간 대 인간의 살아있는 커뮤니케이션은 시야에서 사라진다. 피험자가 '목소리를 내는 것'도 심리 현상이 아니라, 버저와 마찬가지인 신체 반응으로 받아들여진다. 예를 들어 '분노'는 뇌 촬영과 같은 것을 이용한 계측 가능한 감정으로서 문제가 되는 것이지, 분

---

12. 다카하시 미오코, 앞의 책, p.35.

노를 일으킨 당신과 나 사이의 인격적 교류의 문제가 아니다. 그러나 분노란 무언가의 이유로 너에게서 나한테로 향하는 사건이며, 원래 계측이 되는 무언가도 아니다.

행동주의 심리학에서 연구 대상이 되는 것은 어디까지나 객체화된 심리 현상으로, 인간이 피험자라고 해도 문제가 되는 것은 사물적인 반응으로 한정된다. 사회적 문맥이나 그 사람과 다른 사람 사이의 인격적인 교류는 도외시되는 것이다. 현재 고도로 발전한 인지과학이나 뇌신경과학도 (측정에 이용하는 기계는 훨씬 진보하긴 했지만) 연구의 기본자세는 행동주의 심리학과 다를 바 없다. 마음은 어디까지나 자극에 대해 반응하는 데이터로 받아들여지는 것이다.[13]

---

13. 물론 메커니즘이나 데이터로 생각함으로써 밝혀지는 일도 많으므로, 그 가치를 부정하고 싶지는 않다. 인격적 교류에서 마음과 뇌의 생리학적 메커니즘이 어떻게 관계를 맺는지에 대해서는 현대 철학에서 '의식의 하드 프로블럼'이라는 이름으로 알려져 있는 어려운 문제다(빌라야누르 라마찬드란, 산드라 블레이크슬리, 《뇌 속의 유령》, 야마시타 아쓰코 옮김, 가도카와문고, 2011).

## 3. 지금까지의 논의를 돌아보며

**경험의 소거**

'들어가며'에서 쓴 것처럼, 학생들이 내게 "교수님의 수업 어디가 객관적인가요?"라고 질문한 배경에는 이러한 객관화의 역사가 있다. 근대 학문에는 분명 삼라만상을 객관화하고자 하는 프로세스가 존재한다. 하지만 객관화를 극도로 추진하면서 버려진 부분이 있다. 그런 까닭에 학문의 세계에서는 반동 또한 일어나곤 한다.

연구자의 개입에 대한 고찰은 자연과학에서도 인문사회학에서도 검토되어 왔다. 예를 들어 인류학의 경우, 연구자의 현장 개입이 데이터에 어떤 영향을 미치는가에 대한 고

찰이 심도 깊게 이루어져 왔다.[14]

사회학에서는 사회에 살고 있는 사람들의 경험을 중시하는 라이프 스토리 연구와 그 밖에 에스노메소돌로지(ethnomethodology, 사회 구성원들이 일상의 언어와 행동을 통해 사회 질서를 구축하는 방법을 연구하는 이론-옮긴이) 등의 방법이 등장한다. 이는 개별 경험을 수치로 환원하지 않고, 개별 경험에서 출발하여 사회의 움직임을 보려는 방법론이다.

역사학에서도 국가가 남긴 기록이 아니라 민중의 경험을 다양한 자료를 통해 고찰해 보려는 입장, 국가가 아닌 작은 단위 또는 지중해 세계처럼 국가를 넘어서는 영역을 다루는 입장, 청취를 통해 기억을 재편성하려는 입장 등 다양한 움직임이 나타난다.

또한 심리학에서는 임상심리학처럼 클라이언트 한 사람 한 사람의 경험, 클라이언트와 세라피스트(therapist)의 관계를 중시하는 학문이라든지, 내러티브(서사성)를 중시하는 다양한 질적 연구가 병행되고 있다.

눈에 잘 띄지 않을진 몰라도 사라지지 않는 이런 흐름은, 객관화할 수 없는 경험을 지워 없애는 일은 불가능하다는

---

14. 제임스 클리퍼드, 조지 마커스, 《문화를 쓰다》, 하루히 나오키 외 옮김, 기노쿠니야쇼텐, 1996.

것을 의미한다.

그럼에도 이 객관성의 흐름은 여전히 강력하다. 이러한 흐름이 어떤 일을 일으키는지, 다음 장에서는 수치에 초점을 맞춰보겠다.

제 3 장

숫자가 지배하는 세계

# 1 =●÷+ 우리에게 친근한 숫자와의 경쟁

### 핀란드의 공교육

우리는 어린아이일 때부터 점수에 근거한 경쟁을 강요받는다. 필기시험 성적을 기반으로 한 '좋은 학교'와 그렇지 않은 학교가 있다는 사실을 당연한 것처럼 받아들이고 있는 것이다. 제3장에서는 우리 사회가 숫자에 가치를 두게 된 경위를 생각해 본다. 제1장, 제2장에서는 객관성에 대해 생각해 봤지만, 제3장과 제4장의 테마는 객관성과 짝을 이루는 수치다. 가장 염두에 두어야 할 것은 수치화가 인간에게 무엇을 가져다주었는가 하는 물음이다.

OECD가 시행한 학력 테스트에서 2000년과 2003년 독해력 부문 세계 1위를 했고 현재도 항상 상위권에 있는 핀란드에서는 학교 간에 서열이 없으며, 장애가 있는 학생도 학교 안에서 비장애인 학생과 함께 배우게 되어있다. 핀란드 대학에서 교편을 잡으며 아이를 키우고 있는 사회학자 박사라(朴沙羅) 씨는 다음과 같이 썼다.

**예전에 동료인 아다에게 "핀란드에도 흔히 말하는 좋은 학교가 있나요?"라고 질문했더니 "집에서 가장 가까운 학교"라는 답이 돌아왔다.[1]**

명문 학교가 따로 있는 게 아니라 집에서 가까운 학교가 아이들에게 좋은 학교라는 것이다. 마이클 무어 감독의 다큐멘터리 영화 〈다음 침공은 어디?〉(2016)에서 마이클 무어가 핀란드 학교를 방문해 선생님들과 이야기 나누는 장면에서도 "집에서 가장 가까운 학교가 가장 좋은 학교"라는 내용의 대화가 전개된다.

핀란드에서는 학교 간의 경쟁이 없을 뿐 아니라 수업도 주입식이 아니다. 아이들의 흥미에 맞춰 주제를 설정해서 스스로 조사하거나 또는 몸을 움직이는 그룹 워크가 중심

---

1. 박사라, 《헬싱키 생활의 연습》, 지쿠마쇼보, 2021, p.173.

이라고 한다. 초등학교에서도 90분이라는 시간 동안 자유롭게 공부하고, 쉬고, 스스로 배워나가는 것이다.

어느 날 작은아이(구마)를 데리러 갔더니 큰아이(유키)의 담임인 마리아 선생님이 교정에 계시길래 잠시 큰아이의 초등학교 생활에 대해 이야기를 나눴다. 내가 "저, 얘기는 들었지만 정말로 공부를 전혀 안 시키더군요! (……)" 하고 말하자 마리아 선생님은 여느 때처럼 무척이나 진지하게 "아이들이 할 일은 노는 거니까요"라고 대답했다.
"아이들이 원하지 않는 기술을 강제로 익히게 하는 일은 때에 따라 요구도가 너무 높고 어른들만의 만족으로 이어질 위험이 있습니다."
"공부로 배우기보다 놀이를 통해 배워야 더 잘 익힐 수 있다고 우리는 생각합니다."[2]

놀이는 그 자체로 자발적인 창조성을 키워주지만, 반대로 공부를 강요하면 어린아이들이 성장하지 못한다는 것이다.
이외에도 교육학자 후쿠다 세이지(福田誠治)는 핀란드

---

2. 박사라, 앞의 책, p.253.

학교 교육의 특징에 대해 다음과 같이 말하고 있다.

> 첫째, 한 사람 한 사람을 소중히 하는 평등한 교육이 이루어지고 있다. 일단 16세까지는 선별하지 않는 교육이 실행된다. 교육의 기본은 서열을 정하는 것이 아니라 한 사람 한 사람의 발전을 지원하는 것이다. 또한 사회에는 어떤 루트를 통하든, 배우고 싶은 생각이 있으면 누구나 언제든 배울 수 있는 학교 교육 제도가 만들어져, 학습을 보장하는 사회적 시스템이 거의 완성되어 있다.
>
> 둘째, 아이가 스스로 공부하는 것을 교육의 기본으로 삼고 있다. 경쟁 등으로 학습을 강요하지도 않는다. 어디까지나 스스로 공부하는 것이 기본이다. 따라서 아이들은 수업 중이라도 쉴 수 있는 자유가 있다. 그룹 학습, 협력 학습을 중요시하고 각자의 페이스에 맞게 공부할 수 있도록 잘 고안되어 있다.[3]

누구나 평등하게 배울 수 있는 기회가 있고, 아이들은 자신의 흥미에 따라 자주적으로 공부하며, 또 경쟁이나 능력

---

3. 후쿠다 세이지, 《경쟁을 그만두면 학력 세계 최고–핀란드 교육의 성공》, 아사히신문 출판, 2006, p.54.

별 반 편성도 없다. 수업 중에는 자유롭게 그룹을 짜서 학습하고, 피곤해지면 각자 알아서 쉬는 모습을 찍은 영상을 나도 본 적이 있다.

후쿠다 세이지는 핀란드 교육조합에서 있었던 일화를 소개했다.

"점수가 높은 고등학교에 수험생이 몰리지는 않는가?"
"그건 다른 사람의 점수일 뿐이다. (……) 게다가 평균 점수다. 영어와 수학의 평균 점수를 구해본들 무엇이 나오겠는가. 자신이 무엇을 공부하고 싶은지가 중요하다."[4]

즉, 가령 편차치(일본에서 학생 및 학교의 서열을 객관적으로 평가하기 위해 활용하고 있는 수치로 시험 평균 점수를 기준으로 하며, 숫자가 클수록 이른바 순위가 높다-옮긴이)가 높은 학교가 있다고 해도 그 '높은 편차치'라는 것이 수많은 사람들의 데이터에서 나온 통계인 이상 자기 성적과는 관계가 없다는 것이다. 그것도 각기 다른 교과목을 제약이 있는 필기시험으로 측정한 평균치는 애당초 의미가 없다.

---

4. 후쿠다 세이지, 앞의 책, pp.71~72.

**편차치가 만들어진 배경**

일본의 많은 젊은이들이 수험 공부를 강요당하고 있으며 또 편차치를 걱정하고 있다. 일본에서는 오랜 세월 동안 편차치에 의해 학교의 순위가 매겨졌고, 수험생들은 모의시험과 본시험 결과에 울고 웃는다. 누구나 자유롭게 배울 권리가 있음에도 학교에 순위가 매겨지고 입시에서 배제되기도 한다는 것은 기묘하다고밖에 표현할 수 없다.

일본에서는 또 '문과는 사립', '이과는 공립' 하는 식으로 바보 같은 분류를 하고 서열을 정한다. 대학에는 다양한 연구 분야가 있는데도 그렇다. 사람은 흥미를 갖는 분야가 각각 다를 뿐 아니라, 애당초 흥미나 재능은 중학교와 고등학교에서 이루어지는 교과 바깥에 있는 경우가 많다.

게다가 대학에 진학한 뒤의 다양한 배움과 연구는 고등학교 때까지의 획일적인 교과와는 전혀 질이 다르다. 학생 한 사람 한 사람이 원하는 것도 다르고 대학 학부에서 배우는 것도 다양한데, 편차치라는 단순한 숫자에 근거해 서열화하는 것으로 무슨 판단을 할 수 있겠는가. 그럼에도 불구하고 편차치를 당연한 것처럼 받아들이는 건 숫자의 저주가 그만큼 강하다는 뜻일 터이다.

학력 편차치는 1957년 도쿄도 미나토구의 중학교 교사

였던 구와타 쇼조(桑田昭三)라는 사람이 처음 고안했다.[5] 당초에는 교사들의 육감에 의존했던 진로 지도에 신용할 수 있는 지표를 도입하려는 목적이었지만 편차치는 점차 독자노선을 걷기 시작하더니 이젠 편차치 그 자체가 공부의 목적이 되었다. 예를 들어 영어를 배우는 목적은 영어를 사용하기 위해서가 아니라 영어 시험의 편차치를 올리는 것이 되었다. 편차치 그 자체는 내 시험 점수가 정규 분포한다고 가정되는 모집단 가운데 어느 위치에 있는가를 나타내는 통계적 지표일 뿐인데도.

이번 장에서는 '편차치로 사람의 능력을 측정할 수 있는가?'를 말하는 데서 그치지 않고 애초에 '인간을 수치화해서 비교함으로써 우리가 대체 무엇을 얻을 수 있는가?'를 물어보고 싶다. 이는 수치화 및 서열화가 무엇을 초래하는지를 생각하기 위해서다.

수치 지상주의는 편차치에 한정된 이야기가 아니다. 사회에 나오면 모든 활동이 수치로 측정된다. 예를 들어 대학에서 교원으로 일하는 나는 매년 몇 편의 논문과 저작을 출

---

5. 구와타 쇼조, 《되살아나라, 편차치-지금이야말로 필요한 입시의 지혜》, 네스코, 1995, 〈편차치 탄생의 아버지 구와타 쇼조 씨와의 인터뷰〉, 특정 비영리 활농법인 전국어학교육학회, Newsletter, 14(2). 2010.10. https://hosted.jalt.org/test/PDF/Kuwata-j.pdf(2023년 1월 29일 최종 열람).

판했는지, 조성금을 얼마나 얻어냈는지를 학교 측에 보고한다. 또 업적을 보고하고 연말이 되면 다음 연도의 목표를 세워서 제출해야 한다. 즉 목표와 성과가 수치로 계측되어 평가받는 것이다. 물론 민간 기업에 근무하는 사람들의 경우는 나 같은 사람보다 훨씬 심할 것이다.

또한 개인의 문제만이 아니라 학부 차원에서도 다음 연도의 수치적 목표를 세우고 연말에 달성 상황을 대학 본부에 보고해야 한다. 대학 전체적으로 동일하게 데이터를 모으고 있으며, 6년마다 각 학부에서 만든 중기 계획 데이터를 집계해 문부과학성에 보고함으로써 국가의 평가를 받고 있다.

즉 개인은 물론 조직, 국가에 이르기까지, 어린아이부터 어른에 이르기까지 모두 수치로 평가받고 있다. 수치에 근거하여 행동이 계획 및 평가되고 가치가 결정되는 것이다.

## 통계가 갖는 힘

### 에비던스에 기반하는 의료

물론 수치화되는 것은 사람만이 아니다. 19세기가 되면서 자연과 사회를 포함하는 삼라만상이 수치로 측정되기 시작했다. 그리고 이 수치화는 통계학의 지배라는 형태를 갖추게 된다. 예를 들어 현재 의료 세계에서는 '에비던스(근거)에 기반하는 의료(EBM)'가 절대적인 가치를 갖는다. 이는 병의 증상이나 진행을 통계학적으로 분석한 뒤 통계학적으로 유효하다고 인정된 치료법을 선택하는 방식으로, 1991년 캐나다의 의사 고든 기얏(Gordon Guyatt)이 제창한 것이다.

의료 부문에서 에비던스는 몇 가지 그레이드가 있다. 가장 정확도가 높은 에비던스는 환자를 무작위로 약을 투여하는 집단과 투여하지 않는 집단같이 두 무리로 나눠서 유효성을 검토하는 랜덤화 비교 시험(RCT)을 복수 비교하여 메타 분석한 결과다. RCT의 근저에는 통계학적인 타당성 평가가 존재한다. 통계적으로 검토된 여러 개의 시험을 조합함으로써 타당성을 높이는 것이다.

에비던스에 의해 유효한 진단 방법이나 치료법을 정비하는 일에는 이견이 없으며, 나 자신도 에비던스에 기반해 치료법을 선택한다. 하지만 병과 관련된 개인의 경험은 에비던스에 근거한 선택만으로는 다 설명되지 않는다.

재발한 암이 진행되고 있어서 '갑자기 상태가 나빠질' 가능성이 있기 때문에 주치의로부터 완화 케어에 힘쓸 것을 권유받은 철학자 미야노 마키코(宮野真生子)는 에비던스에 기반한 의료에서 항상 문제가 되는 리스크에 대해 다음과 같이 썼다.

리스크와 가능성에 의해, (암이 재발한) 나의 인생은 점점 세분화되었습니다. 당연히 병이나 약과 관련한 리스크가 많이 존재하는 만큼, 그중에서도 안 좋아질 가능성이 인생의 전반을 차지하는 것 같고, 아무 일도 일어나지 않고 '평범하게 살아갈' 가능성은 무척이나 작아진 듯한 느낌이 듭니다.

(……)

**하지만 이 리스크와 가능성을 둘러싼 감각은 역시 어딘가 이상합니다.**

그 이상함의 원인은 리스크에 의해 인생이 세분화되어 가는 데 있습니다. 그때 환자는 지금 자신의 눈앞에 몇 개의 갈림길이 제시된 것처럼 느낍니다. 각각의 길에는 화살표와 함께 목적지가 적혀있는 까닭에, 환자들은 리스크에 근거해 좋지 않은 길을 피하고 '평범하게 살아갈 수 있는' 길을 선택해 신중하게 걸으려고 합니다.

하지만 사실 어떤 갈림길을 고르든 화살표가 가리키는 목적지에 도착할 수 있을지 어떨지는 알 수 없습니다. 왜냐하면 각각의 길이 외길일 리도 없고, 어떤 길이든 들어가면 다시 복수의 갈림길이 있을 것이기 때문입니다.[6]

에비던스에 의해 유효한 것으로 알려진 치료를 선택하는 프로세스에는 제한이 없다. 보통은 병이 진행되는 과정 중에 효과가 있을 확률이 높은 치료법을 선택하는 경우가 많을 것이다. 하지만 확률이 높다고 해도 '40퍼센트의 사람

---

6. 미야노 마키코, 이소노 마호, 《갑자기 몸이 안 좋아지다》, 쇼분샤, 2019, pp.38~39, 강조는 원문.(한국어판은 《우연의 질병, 필연의 죽음》-옮긴이)

에게는 이 치료법이 유효했다'는 의미일 뿐 나머지 60퍼센트의 환자에게는 듣지 않는다. 환자는 항상 수치를 둘러싸고 '효과가 없을지도 모른다'는 불안한 상태에 놓이게 된다. 미야노 마키코는 이 편지를 쓰고 반년 정도 뒤 40대 초반의 나이로 사망했는데, 에비던스에 기반한 리스크 계산에 쫓기게 되면 인생의 나머지 시간을 확률과 불안에 지배당하고 말 것이다.

**통계에 지배되는 세계**

과학철학자 이언 해킹(Ian Hacking, 1936~2023)은 세계 그 자체가 수치화되었을 때 세계는 통계(확률)에 지배당할 것이라고 했다.

통계학은 세계가 자연법칙에 의해 지배되고 있다고 간주한 결정론적인 자연과학이 전개되는 가운데 발달했으며, 사회 및 인간은 통제 가능하고 예측 가능한 존재가 되었다.

미국 TV에서는 골든아워 때 (……) 노골적인 폭력 장면보다 확률과 관련된 이야기를 하는 경우가 많다. 신문을 떠들썩하게 만드는 공포를 확률을 사용해 반복해서 이야기한다. 그러한 가능성(우연·확률) 및 찬스가 있는 것은 멜트다운, 암,

강도, 지진, 핵겨울, 에이즈, 지구온난화 등등이다. 공포의 대상은 (아마도) 이런 것들이 아니라 실은 확률 그 자체인 것이다. (……)

이와 같은 확률의 지배는 세계 자체가 수학화된 데서 비롯되었다. 우리는 자연에 대해 그것이 어떤 존재이고, 또 어떤 존재여야 하는지, 근본적으로는 양적(量的)인 감각을 가지고 있다. 이는 당연한 것이 아니라 몇 개의 사소한 이유로 우연히 그렇게 된 것이다.[7]

통계학이 힘을 갖는 현상은 자연과 사회의 리얼리티의 소재(所在)가 구체적인 사건에서 숫자로 바뀌었다는 사실을 상징한다. 애초에 통계는 세계의 리얼리티와 관련해 어느 정도의 경향을 나타내는 지표로 인식되었지만, 점차 통계를 세계의 법칙 그 자체인 것처럼 인식하게 된 것이다. 통계는 사실에 가까운 근사치가 아니라 사실 그 자체의 위치를 획득했다.[8] 앞에서 언급한 이언 해킹은 다음과 같이

---

7. 이언 해킹, 《우연을 길들이다-통계학과 제2차 과학혁명》, 이시하라 히데키, 오모다 소노에 옮김, 보쿠타쿠샤, 1999, pp.7~8.
8. "지금까지 그다지 주목을 받지 않았지만, 1884년 케틀레는 (……) 개개의 신체와 관련된 특정 개연 오차를 동반한 수치와 관련 있는 측정 이론을 인구 집단의 이념적, 추상적 성질과 관련된 측정 이론으로 변형시켰다. 양자 모두 같은 형식의 처리를 하는 것이 가능한 까닭에, 양자 모두 리얼한 실태를 보여준다. 이는 '우연 길들이기'에서 결정

제3장 숫자가 지배하는 세계　65

말했다.

예를 들자면, 1988년 일본이 드디어 세계 제일의 장수 국가가 된 사실이 사람들의 주목을 받았다. 우리는 정확히 일본 기업이 투자를 위한 가처분 자본을 세계에서 가장 많이 축적하고 있는 것과 동일한 정도로 리얼하게, 평균수명의 연장을 일본인의 생활 및 문화의 현실적 모습이라고 느끼는 것이다.[9]

이렇게 '평균수명'이라는 단순한 숫자가 일본을 구성하는 사실 그 자체가 된다. 일본인 한 사람 한 사람은 빨리 죽는 경우도 있고 장수하는 경우도 있으므로 '세계에서 가장 장수하는 나라'라는 딱지는 개인의 남은 수명에 대해 말해 주지 못한다. 하물며 고령자 한 사람 한 사람이 구체적으로 어떻게 살고 있는지를 알려주지도 않는다. 혼자 사는지, 병원에 누워있는지, 치매인지, 아니면 건강한지 등등, 같은 90세라고 해도 사는 상황은 다양할 것이다.

---

적인 단계였다. 이는 큰 규모로 살폈을 때 규칙성을 기술하던 것에 불과했던 통계 법칙이, 근저에 있는 진리와 원리를 다루는 자연 및 사회의 법칙으로 바뀌어 가는 것의 시작을 의미한다."(이언 해킹, 앞의 책, p.158)
9. 위의 책, p.158.

## 리스크와 책임에 얽매이다

수많은 에비던스에 기반하는 의학이 환자들을 궁지에 몰아넣는 양상을 암 환자였던 미야노 마키코의 사례를 통해 확인했다. 미야노 마키코의 경우 자신이 스스로의 병에 부과되는 리스크를 걱정했던 게 문제였다.

의료 현장에서만 리스크가 사람들을 숨 막히게 만드는 것은 아니다. 학교나 회사 같은 조직 그리고 사회 전체가 리스크를 예방하고자 하는 관점에서 구성원의 행동을 결정하고 행동을 관리하며 구속하려고 한다. 어렸을 때 "그런 짓 하면 위험해"라는 주의를 들어본 적이 없는 사람은 적을 것이다. 학교생활은 다양한 교칙으로 구속되는 경우가 많지만, 이런 교칙은 어른이 외부로부터 뭔가 비난을 받지 않으려고 학생들을 미리 구속하기 위해 만든 것이라 할 수 있다. 어린아이들을 위한 것처럼 보이지만 어른들 자신의 불안 때문에 아이들의 행동을 제한하려는 것이다. 즉 **리스크를 계산하는 것은 자기 몸을 지키기 위해 다른 사람을 구속하려는 것**이다.

사회학자 울리히 벡(Ulrich Beck)은 애초에 리스크 계산을 중시하는 사회가 나타나는 전제 조건으로 경제 활동에서의 개인주의, 자기책임론에 의한 지배의 문제를 들고 있다. 현대인은 커뮤니티에 의해 보호받는 것이 아니라 스스로 자신의 생활 유지에 책임을 지고 있으므로 실패해도 그 자신의 책임인 것이다.[10] 사회는 개인을 비난할 뿐 지켜주지 않는다. 자기 자신의 책임뿐만이 아니다. "그런 짓을 하다니, 책임을 지실 겁니까?" 같은 말을 하면서 다른 사람을 비난하고 규범으로 규제하려고 한다.

개개인이 책임 있는 행위자로 간주되며, 행위가 가져오는 부정적인 결과의 리스크가 계산된다. 게다가 그 리스크에 대해 책임을 지는 것은 국가나 커뮤니티 같은 집단이 아닌 개인이다. 이런 사회에서는 미래의 리스크를 예측하고 개개인이 거기에 대비하는 것이 합리적인 행동이 된다.

이는 사람으로 하여금 외부에 의해 강제되는 게 아니라 스스로 사회규범을 따르게끔 만든다.[11] 사회학자 히라노 다카노리(平野孝典)에 따르면, 고등학생에게 규범의식을 묻는 최근의 대규모 조사에서 현대의 고등학생들은 교칙 지키는

---

10. "[부르주아나 노동자 같은] 사회 계급 대신 나타난 것은 이제 가족이라는 안정된 기준틀이 아니다. 사회적인 생활 세계에서 개개인이 재생산 단위가 된 것이다. 혹은 이렇게도 말할 수 있다. 개개인이 가족 안과 바깥에서 시장을 매개로 하는 생활보장 및 그와 관련된 인생 설계와 조직화의 행위자가 된다." 울리히 벡, 《위험 사회-새로운 근대로의 길》, 아즈마 렌, 이토 미도리 옮김, 호세이대학출판국, 1998, p.142.

11. 이와 같은 자발적 복종은 현대에 발명된 것이 아니라 16세기부터 문제였다. 에티엔 드 라 보에시, 《자발적 예종론》, 니시타니 오사무 감수, 야마가미 히로시 옮김, 지쿠마학예문고, 2013.

것을 선호하며 규칙 위반을 하고 싶어 하지 않는다는 결과가 나왔다고 한다.[12]

사회의 실질이 변화하여 '불확실하고 리스크로 가득한 사회'가 되었다기보다, 수치화하면서 사회와 미래가 리스크로 인식되게끔 되었다. 어찌 되었건 수치화에 의한 예측이 지배하는 사회, 그리고 개인에게 책임이 돌아가는 사회는 불안으로 가득하며, 이런 사회에서는 규범에 순종하는 편이 합리적이다. 사회적으로 약자 위치에 놓인 사람일수록 예전부터 지켜온 규범에 순종함으로써 살아남으려는 것이리라.

다음 장에서는 이러한 사회에서 사회적 약자의 입장에 놓인 사람들을 어떤 식으로 인식하는지 살펴보자.

---

12. 히라노 다카노리, 〈규범에 동조하는 고교생〉, 도모에다 도시오 엮음, 《리스크 사회를 살아가는 젊은이들-고교생의 의식 조사에서》, 오사카대학출판회, 2015, p.29.

# 제 4 장

## 사회에 도움이 되기를 강요하다

# 1 ≡ ● ÷ ✚    경제적으로 도움이 되는 일이 가치가 되는 사회

**채플린의 〈모던 타임스〉**

숫자가 중요한 가치를 지니는 사회는 숫자에 의해 인간을 서열화한다. 단순히 수치로 측정되는 것만이 아니다. 예를 들자면, 회사에서는 이익을 얼마나 올렸는지를 기준으로 영업 성적이 좋은 회사원이 높은 평가를 받는다. 수치가 지배하는 사회에서는 도움이 되는가 되지 않는가로 인간을 구분한다. 제4장에서는 사회의 수치화가 능력주의를 낳고 또 현대적인 차별을 만들어 냈다는 사실에 대해 논의하고 싶다.

   미국의 희극인 찰리 채플린(Charles Chaplin, 1889~1977)이 감독 겸 주연을 맡은 〈모던 타임스〉(1936)라는 코미디 영

〈모던 타임스〉의 유명한 장면.

화가 있다. 채플린이 연기하는 공장 노동자인 주인공은 기계와 자본가에 속박되어 있지만, 동시에 화학 공장의 라인을 어지럽히고 상사를 골탕 먹이면서 저항한다. 영화 전반부에서 채플린은 공장이나 기계에 관리되는 인간의 모습을 그렸다. 채플린은 벨트컨베이어를 타고 톱니바퀴에 휘말리면서 말 그대로 톱니바퀴와 일체화되지만, 사장은 자기 사무실에서 지그소퍼즐로 시간을 때우거나 TV 화면을 통해 노동자가 일하는 모습을 감시한다.

1929년 세계 대공황 뒤에 만들어진 〈모던 타임스〉는 실업자의 시위나 노동자의 파업 등 형편이 어려운 노동자의 반항을 그리고 있다. 여자 주인공인 젊은 여성은 경찰에 체포될 뻔했다가 도망친 인물로 묘사되고, 가난한 아이들이

〈모던 타임스〉에 등장하는 얼굴이 보이지 않는 노동자들.

처한 상황도 엿볼 수 있다. 두 주인공은 백화점 경비원과 술집 종업원과 댄서 같은 직업을 전전하면서 이런저런 문제를 일으키면서도 의식주와 자유를 위해 싸운다. 공장에서 기계의 톱니바퀴가 되는 일에 저항하는 것이다.

〈모던 타임스〉는 경제적인 원리가 우선시되는 가운데 사람 하나하나의 얼굴이 보이지 않게 되는 사회를 그리고 있다. 영화 초반, 공장 노동자가 집단으로 출근하는 장면에서는 우르르 움직이는 양 떼의 모습이 얼굴이 보이지 않는 노동자 무리로 바뀐다. 노동자들은 거의 같은 복장으로 같은 동작을 하는 까닭에 한 사람 한 사람 구별이 되지 않는다.

## 생산성에 의한 구분

영국의 철학자 제러미 벤담(Jeremy Bentham, 1748~1832)은 '최대 다수의 최대 행복'이라는, 공리주의라 불리는 논의를 전개했다. 이 주장은 존 스튜어트 밀(John Stuart Mill, 1806~1873)과 헨리 시지윅(Henry Sidgwick, 1838~1900)으로 이어졌다. 이들의 주장처럼 행복이 사회적인 선(善)의 원리라고 주장하기 위해서는 그 전제로 행복을 수량화할 수 있다는 것, 최대 다수의 사람(메이저리티 사회)에게 도움이 되어야 한다는 문제가 중요해진다. 공리주의에 의해, '다수'와 '최대'라는 수의 기준에 가치가 도입된 것이다. 존 스튜어트 밀은 다음과 같이 말했다.

> 행복이 선이어야 하며, 각 개인의 행복은 각자에게 선이어야 한다. 그런 까닭에 사회 전반의 행복은 모든 사람이 구성하는 전체의 선이 된다. (…)[1]

행복이 선일 수 있다는 말은 나도 부정하지 않는다. 하지만 밀이 '사회 전체의 행복이 모든 사람들이 구성하는 전체

---

1. 존 스튜어트 밀, 《공리주의》, 세키구치 마사시 옮김, 이와나미문고, 2021, pp.90~91.

의 선'이라고 말했을 때, 배제되거나 억압된 소수에 대한 배려가 부족한 것은 아닌가 하는 점이 신경 쓰인다. '사회 전체'라는, 얼굴을 갖지 않은 존재가 주어가 되어있는 까닭에, 전체를 우선할 때는 어느 사이엔가 삭제되고 마는 사람이 생기지 않을까 하는 게 마음에 걸리는 것이다.

사회복지학자인 후지이 와타루(藤井涉)에 따르면 일본의 장애인 관련 정책은 제2차 세계대전 중 실시되었던 상이군인에 대한 지원 제도에 영향을 받았다고 한다.[2] 국가를 위해 싸우다 전쟁에서 부상을 당한 '도움이 된 사람'과 전쟁에 '도움이 되지 않은 사람'이라는 구별이 처음부터 존재했다는 것이다.

전쟁에 도움이 되었는가 아닌가 하는 구별은 제2차 세계대전 뒤에는 '경제적으로 도움이 되었는가 아닌가'로 변한다. 일본의 주된 전장이 군사에서 경제로 옮겨진 것이다. 예를 들자면 지금의 장애인 지원 제도는 취업이 최종 목표가 되어있다. 장애인이 도움을 받는 경우도 '취로(就労) 계속 지원 A형, B형'처럼 명칭 자체에 '취업하여 납세자가 되

---

2. 후지이 와타루, 《소셜 워커를 위한 반'우생학 강좌' - '도움이 되지 않는'의 역사에 저항하는 복지 실천》, 겐다이쇼칸, 2022, pp.108~122.

는 것'이 목적이라고 명기되어 있는 것이다.[3] 이처럼 장애인 역시 노동을 강요당한다.

경제적으로 도움이 되는지 아닌지의 문제는 생산성이라는 단어와 바꿀 수 있다. 개인의 생산'성'은 다른 사람과의 비교에 의해 결정된다. 스스로를 위해 생산하는 경우라면 '생산성'은 묻지 않는다. 그렇다면 그 비교는 누가 하는가. 사람이 아니라 조직이나 국가가 한다. 즉 인간의 생산성을 물을 때의 주체는 어디까지나 조직과 국가인 것이다. 서로의 얼굴이 보이지 않는 거대한 사회에서는 조직의 시점에서 모든 일이 결정된다. 예를 들자면 시험 점수나 연봉 같은 것으로 타인과 자신을 비교하는 경우, 스스로가 누군가

---

3. 장애인종합지원법과 관련하여 취로계(就勞界) 장애 복지 서비스에는 취로 이행 지원, 취로 계속 지원 A형, 취로 계속 지원 B형, 취로 정착 지원 등 네 종류의 서비스가 있습니다.
- **취로 이행 지원**
  취로를 희망하는 장애인인 동시에 일반 기업에 고용될 가능성이 보이는 사람에 대해, 일정 기간 취로에 필요한 지식 및 능력의 향상을 위해 필요한 훈련을 시행합니다.
- **취로 계속 지원 A형**
  일반 기업에 고용되는 일이 어려우며 고용 계약에 근거한 취로가 가능한 사람에 대해, 고용 계약의 체결 등에 의한 취로 기회 제공 및 생산 활동 기회의 제공을 시행합니다.
- **취로 계속 지원 B형**
  일반 기업에 고용되는 일이 어려우며 고용 계약에 근거한 취로가 가능한 사람에 대해, 취로 기회 제공 및 생산 활동 기회의 제공을 시행합니다.
- **취로 정착 지원**
  취로 이행 지원을 이용해 일반 기업에 새로 고용된 장애인에 대해, 고용에 동반하여 발생하는 일상생활 또는 사회생활을 영위하는 데의 각종 문제와 관련된 상담, 지도 및 조언 등 필요한 지원을 행합니다.(후생노동성의 설명, http://www.mhlw.go.jp/stf/seisakunitsuite/bunya/hukushi_kaigo/shougaishahukushi/service/shurou.html, 2022년 9월 9일 최종 열람)

와 경쟁하는 것처럼 보이지만 사실은 학교나 국가 등 얼굴 없는 조직에 의해 값어치가 매겨지는 것이다.

### 자기돌봄도 국가의 입맛에 맞게

이처럼 조직이나 국가의 부속품이 되는 문제는 생산성을 묻는 장면뿐 아니라 일상에도 숨어있다. 예를 들면 많은 사람들이 체중이나 혈당치 값에 무척 신경을 쓴다. 휴대용 단말기로 여러 신체 데이터를 체크하고 건강 진단 결과에 일희일비한다. 이런 일들은 모두 스스로의 신체를 수치화하는 행위라 할 수 있다.[4]

'자기가 자기 건강 지표를 체크하고 건강에 유의하는 것이라면 국가는 관계없는 것 아닌가?'라고 생각하는 사람이 많을 것이다. 하지만 개인이 건강을 관리하는 시스템을 만드는 이면에는 이런 생각을 이용해 의료비를 줄이려는 국가가 존재한다.

윤리학자 다마테 신타로(玉手慎太郎)는 "고혈압이나 당뇨병 위험이 높은 메타볼릭신드롬(내장지방증후군) 환자와 그 예비군 인구를 2020년까지 현재의 약 1,400만 명에서

---

4. 호리우치 신노스케, 《데이터 관리는 우리를 행복하게 할까?-자기 추적의 윤리학》, 고분샤신서, 2022.

25퍼센트 줄이겠다"(《니혼게이자이 신문》 2015년 11월 30일 자)는 정부 방침을 보도한 신문을 인용하면서 다음과 같이 말했다.

> 이 기사가 전하는 정부 방침은 얼핏 보기에 사람들의 건강을 배려하려는 의도에서 나온 것 같지만 사실은 그렇지 않다. 왜냐하면 이는 정부의 경제재정 자문회의가 정리한, 재정 건전화를 위한 개혁 행정표 원안에 관한 기사이기 때문이다. 이 사실에서 알 수 있는 것은 국가 전체의 재정 건전화를 위해 사람들이 건강해져야 한다는 정부의 태도이며, 그리고 그 바탕에 있는 것은 그야말로 사회 전체의 이익을 위해 건강을 증진해야 한다는 사고방식이다.[5]

스스로가 자신의 건강을 위해 절제한다고 생각하더라도 사실 그것은 국가의 의지를 내면화한 것이라는 얘기다. 뿐만 아니라, 개인이 건강하다는 것은 노동자로서 국가에 도움이 된다는 점에서도 지배하는 쪽에는 바람직한 상황이다. 즉 다른 사람과 수치를 경쟁하는 일도, 자기 자신의 수

---

5. 다마테 신타로, 《공중위생의 윤리학-국가는 건강에 어디까지 개입해야 할까》, 지쿠마선서, 2022, p.64.

치를 걱정하는 일도, 국가에 도움이 되고 안 되고의 기준 안에 있는 것이다.

# = 2 ● ÷ + 　　　　　　　　　우생사상의 흐름

**장애인의 육아를 부정하는 사람들**

지금까지 설명한 것처럼 수치화·경쟁주의는 인간을 사회에 도움이 되는가 안 되는가로 서열화한다. 그리고 그 서열화는 집단 내의 차별을 낳는데, 이 차별의 최종적인 귀결이 바로 우생사상이라 불리는 것이다. 우생사상이란 우수한 자손을 남김으로써 사회집단을 강화하려는 사상이다. 바꿔 말하면 '열등하다'고 판단되는 사람은 차별을 받거나 아이를 낳지 못하도록 수술을 받는 게 당연하며, 경우에 따라서는 죽여도 된다는 사상이다.

최근에 이런 보도가 있었다.

홋카이도 에사시초에 위치한 사회복지 법인 '아스나로 복지회'(히구치 히데토시 이사장)가 운영하는 공동생활 시설에서는 20년 전부터 지적 장애가 있는 커플 등이 결혼이나 동거를 희망하는 경우 남성은 정관수술, 여성은 피임링을 이용한 불임 처치를 할 것을 조건으로 했으며 여덟 쌍의 커플 16명이 이에 응했다는 사실이 18일 알려졌다. '동의를 얻었다'고는 하지만 장애인이 처치를 거부한 경우는 취업 지원을 중지하고 퇴소를 요구했다. 이는 아이를 낳고 기를지 말지를 본인이 결정할 권리(리프로덕티브 헬스 라이츠(reproductive health and reproductive rights))를 침해할 우려가 있다.

(…)

(취재에 임하며 이사장은 다음과 같이 말했다.) "결혼을 반대하진 않지만 한 가지 규칙이 있다. 남성은 정관수술을 하고 여성은 피임링을 장착해야 한다는 것이다. 우리는 잉태되는 생명에 대해 보증할 수 없기 때문이다. 아이에게 장애가 있거나 양육이 완전하지 못한 경우, 아이가 성장한 뒤 '왜 낳은 거냐?'라고 말하면 누가 책임을 지겠는가?"(《마이니치 신문》 2022년 12월 18일 자 조간)[6]

---

6. http://mainichi.jp/articles/20221218/k00/00m/040/138000c(2022년 12월 19일 최종 열람).

장애인의 권리를 지켜야 할 복지시설의 이사장이 인권을 부정하고, 장애인이 아이를 낳을 권리를 부정한 것이다. 기사에 따르면 육아의 부담을 핑계로 장애를 가진 커플이 아이를 갖는 것을 방해해 왔으며, 또 부모뿐 아니라 태어날 아이에게도 부정적인 의식을 가지고 있는 것을 알 수 있다 (놀랍게도 이 기사에 달린 인터넷 댓글 중 다수가 이사장을 지지하는 것이었다). 이와 같은 생각이 만들어진 역사적 배경을 살펴보자.

**우생사상의 탄생**

찰스 다윈(Charles Robert Darwin, 1809~1882)의 진화론이 받아들여지고 유전 현상이 발견되기 시작한 19세기 말, 우수한 가계와 열등한 가계가 있으므로 우수한 자손을 남기고 열등한 종족을 줄이면 국력을 키울 수 있다는 사상이 태어났다. 이것이 바로 '우생학(eugenics)'이다. 이 단어는 1883년 다윈의 모친 쪽 사촌인 영국의 프랜시스 골턴(Francis Galton, 1822~1911)에 의해 만들어졌으며, 19세기 말에서 20세기 전반에 걸쳐 특히 미국에 널리 퍼졌다.[7]

---

7. 에드윈 블랙, 《약자에게 닥친 전쟁-미국 우생학 운동의 역사》, 기도 요시유키 감수, 니시카와 미키 옮김, 진분쇼인, 2022, p.50.

인간을 수치화하는 시험 중에서 가장 일반적으로 보급된 것이 지능 테스트이다. 일본에서 자주 사용되는 다나카-비네 지능 테스트는 원래 프랑스의 심리학자 알프레드 비네(Alfred Binet, 1857~1911)가 1905년에 세계에서 처음으로 개발한 지능 테스트에서 유래한다.

지능 테스트는 생겨나자마자 우생사상의 도구가 되었다. 비네 자신은 우생사상을 갖고 있지 않았지만, 미국의 우생주의자들은 '열등하다'고 할 수 있는 인종을 찾아내는 기술로 지능 테스트를 이용했다. 흑인 및 이민자에 불리한 설문을 이용해 '어리석다'는 딱지를 붙인 것이다.[8] 교육이 아직 보급되지 않았던 당시, 학교에 다닐 수 있는 축복받은 백인 이외의 사람은 지능검사에 답을 할 수 없었다. 학교 교육의 권리가 보장되지 않은 흑인과 영어가 서툰 이민자의 검사의 정답률은 당연히 낮을 수밖에 없었다.

이는 비단 과거에만 있었던 이야기가 아니다. 현재 일본에서 볼 수 있는 발달장애의 증가는 지능 테스트를 과하게 시행하는 것과도 관계가 있는 듯 보인다. 지능 테스트에 의해 발달의 불균형을 측정할 수 있다고 보기 때문이다. '발

---

8. 에드윈 블랙, 앞의 책, p.128.

달장애'라는 명칭에 의해 도움을 받는 사람도 적지 않겠지만, 아이들에게 손쉽게 '발달장애'라는 딱지를 붙임으로써 집단에 적응하지 못한다는 평가를 내리고 '특별 지원 학급'으로 옮기거나 '방과 후 활동 서비스'의 이용을 권해 분열을 초래하는 측면은 없을까? 학급에 잘 녹아들지 못하는 것은 아이들 개개인의 특성 때문일까? 잘 관리되긴 했지만 많은 인원이 수업을 들어야 하는 교실이 아이들의 마음을 불편하게 만든 것은 아닐까?

미국의 우생주의자들은 불임수술을 통해 '열등하다'고 판단되는 사람들의 생식 능력을 빼앗는 일을 계획했다. 이 계획의 최초 표적이 된 지적장애를 가진 백인 여성 캐리 벅(Carrie Buck)은 1927년 연방대법원에서 불임 수술이 결정되었다. 그 뒤 미국에서는 광범위한 불임수술이 이루어졌으며, 1940년까지 35,878명의 남성과 여성이 수술에 의해 거세되었다고 전한다.[9]

앞에서 이야기한 신문 보도에서 알 수 있는 것처럼, 일본의 경우에도 이는 남의 일이 아니다. 역사적으로도 '나병예방법'으로 인해 많은 수의 한센병 환자가 불임수술을 받

---

9. 에드윈 블랙, 앞의 책, p.173.

앉으며, 우생보호법 아래 전쟁 이후에 수많은 장애인이 강제로 불임수술을 받았다. 한센병은 심각한 차별 대상이 됐지만 지적 능력에 장애가 생기는 것도 아니고 치명적인 병도 아니었다. 1943년에 특효약이 발명된 뒤에는 완전히 치료가 가능한 병이기도 하다. 예전의 우생보호법 때문에 다수의 장애인들이 강제로 불임수술을 받은 일과 관련해서는 지금까지도 재판이 이어지고 있다.

현재 일본에서도 새로운 형태의 출생 전 진단으로 다운증후군 등의 장애가 추정되는 태아의 90퍼센트가 인공 임신중절로 사산되고 있다고 한다.[10] 그 이유로 드는 게 "장애를 갖고 태어나는 아이가 불쌍하다", "기를 자신이 없다" 등등이다. 사회 전체적으로 장애를 가진 사람에 대해 편견이 있는 까닭에 임산부를 불쌍하게 여기는 것이다. 아스나로 복지회에서 있었던 불임수술 강요도 이와 같은 우생주의에서 유래한다.

---

10. "신형 출생 전 진단(NIPT=Noninvasive prenatal genetic testing)을 받은 임부 중 양성이 확정된 사람 중 90%가 중절-. 일본의학회가 인정한 검사의 실시 시설에서 만든 NIPT 컨소시엄이 행한 조사에서 엄중한 현실이 드러났다. NIPT는 임부의 혈액에서 다운증 등 태아의 질환 가능성을 추정하는 검사다. 조사에 따르면 2013년 4월~2021년 3월까지 검사를 받은 10만1,128명 중 양성이었던 사람은 1,827명, 양수 검사 등으로 양성이 확정된 사람은 1,397명으로 그중 1,261명이 중절을 선택했다."(《도쿄신문》, 2022년 3월 24일 자 조간, https://sukusuku.tokyo-np.co.jp/birth/53583/, 2022년 12월 30일 최종 열람)

## 우생사상과 죽음

우생사상은 장애인이 태어나는 것을 거부했을 뿐 아니라 살아있는 장애인마저도 살해해 왔다. 1970년 5월 요코하마에서 일어난 어머니에 의한 장애아 살인 사건 당시 시민들 사이에서 그 어머니에 대한 감형 탄원 운동이 일어났다. "장애아를 기르느라 고생한 어머니가 불쌍하다"는 이유였다.

당시 뇌성마비에 환자들이 전개한 '푸른 잔디 모임' 운동을 소개하고 싶다. 그 운동의 이론적 지주는 요코타 히로시(横田弘, 1933~2013)와 요코즈카 고이치(横塚晃, 1935~1978)라는 두 사람의 뇌성마비 당사자였다. 요코타 히로시의 말을 인용해 본다.

요코타 히로시의 책.

또, 한 사람, 장애아가 살해당했다.

걷지 못한다는 이유만으로.

손을 움직이지 못한다는 이유만으로.

겨우 그런 이유로 '복지 체제' 안에서, 지역 사람들의 얼음장 같은 시선 속에서,

그 아이는 살해되었다. (…)

왜 장애 아동은 살해당해야만 하는 것일까?

왜 장애 아동은 사람들에게서 떨어진 시설에서 살아야 할까?

왜 장애 아동은 도시에서 살면 안 될까?

왜, 나는 살면 안 되는 것일까?

사회의 사람들에게는 장애 아동의 존재가 그렇게도 방해가 되는 것일까?[11]


요코타 히로시가 탄원 운동에 항의하기 위해 쓴 글을 하나 더 인용한다.

중증 장애 아동은 말살된다

(…) 재판 진행 상황을 보면 우리의 소망, 아니 기대와는 반대로 진행되고 있습니다. 고도성장만을 지향하는 국가 권력은 사람들의 생명과 의식까지 관리하려 하고 있으며, "시설도 없고 가정에 대한 지원도 없었다. 사회로부터 생존권을 부정당한 장애아를 죽인 것은 어쩔 수 없는 귀결이다"라고 말하는 일부 친지들의 의견을 이용해, 현대사회가 필요로 하

---

11. 요코타 히로시, 《장애인 살해의 사상》, 겐다이쇼칸(중보신장판), 2015(초판은 1980), p.7.

는 생산 능력을 갖지 못한 중증 장애인들을 말살하려는 방향으로 나아가고 있습니다.[12]

고도 경제 성장기의 일본에는 좀 더 좋은 학벌, 좀 더 높은 사회적 지위와 수입을 선망하는 가치관이 침투했다. 그와 동시에 핵가족화와 여성의 전업주부화가 진행되었고, 간병이나 돌봄은 어머니가 해야 할 역할인 것처럼 여겨지게 되었다. 그런 가운데 가족을 무상으로 돌보는 일을 혼자 짊어지게 된 전업주부인 어머니가 장애를 가진 자신의 아이를 살해하는 사건이 일어난 것이다.

요코타 히로시 본인도 심한 장애가 있는 휠체어 사용자였다. 부모님이 돌아가시면서 숙부 부부와 함께 살게 되었고 마음고생을 많이 했다고 한다. 그 역시 '생산성'을 갖지 못한 것으로 인식되는 만큼 사회에서 말살될 수 있는 존재라고 느꼈던 것이다. 하지만 요코타 히로시의 말은 결코 과장이나 망상이 아니었다. 당시 앞날을 비관한 가족이 장애인을 살해한 사건이 몇 차례 일어났다. 그리고 가정에서 양육되지 못한 장애인 중 많은 수가 교외에 지어진 대규모 시

---

12. 요코타 히로시, 앞의 책, p.48.

설에 격리 수용되었다. 이와 같은 배경 때문에 뇌성마비 당사자들은 집에 틀어박히는 일도, 시설에 격리되는 일도 거부하고 스스로의 힘으로 지역사회 안에서 살아가려는 시도를 시작했던 것이다. 장애인이 권리를 주장하는 운동과 장애인을 살해하는 사건이 동시에 일어난 셈이다.

요코타 히로시가 느꼈던 공포는 과거의 일만이 아니다. 2016년 가나가와현 쓰쿠이야마유리원에서는 예전 직원이 '생산성이 없다'는 이유로 중증 장애를 가진 입소자들을 열아홉 명이나 살해했다. 범인인 우에마쓰 사토시는 "이름을 불러도 반응하지 못하는 입소자를 골라서 살해했다"고 말했다. 또 중증 심신장애가 있는 사람을 '심실자(心失者)'라고 부르며 감옥에서 다음과 같은 말을 하기도 했다.

인간답게 70년을 양육하려면 얼마나 많은 돈과 노력, 물자를 빼앗겨야 하는지 생각했습니다. 오염된 물을 먹고 죽어가는 어린이들을 생각하면 심실자를 돌볼 때가 아닙니다.
심실자를 옹호하는 사람은 심실자가 만들어 내는 '행복'과 '불행'을 비교하는 저울이 부서진 탓에 단순한 산수를 못하는 것입니다. (…) 눈앞에 구해야 할 사람이 있으면 구하고,

**죽여야 할 사람이 있으면 죽이는 건 어쩔 수 없는 일입니다.[13]**

우에마쓰 사토시는 장애를 가진 사람의 생활을 '행복'과 '불행'의 문제로 생각했고, 필요한 사회적 비용을 측정하는 일은 '단순한 산수'라고 이야기했다. 그가 말하는 이 '행복'을 측정하는 '산수'란 어떤 것일까? 사람이 생활하기 위해 필요한 복지적 비용일까? 무엇이건 효율과 생산성을 뜻하는 것일 테다. 그는 인간을 수치화하여 장애를 가진 사람은 쓸모가 없으며 사회에서 배제되어야 한다고 생각했다. 우에마쓰 사토시는 야마유리원에서 직원들에 의한 심각한 학대가 횡행하는 가운데 우생주의적 차별 의식을 갖게 된 것으로 보인다.[14] 복지 및 간호 관련 업무를 둘러싼 열악한 노동 환경이 그 배경에 있을 것이고, 우에마쓰 사토시 개인의 문제만이 아닌 우리 안에 있는 집합적 사고의 문제이기도 한 것이다.

---

13. RKB 마이니치방송 보도제작국 차장 겸 도쿄보도부장 간베 가네부미 앞으로 온 편지. https://note.com/tbsnews/n/n456bf8cc5964(2020년 5월 22일 최종 열람).
14. 〈쓰쿠이야마유리원 이용자 지원 검증 위원회 중간보고서〉(2020). https://www.pref.kanagawa.jp/documents/62352/r20518kousei01_2.pdf(2023년 1월 23일 최종 열람).

## 나치스 치하 독일에서의 장애인 학살

'불량한 자손'을 남기지 않아야 한다고 주장하는 우생사상은 어떤 것일까 하는 문제를 조금 더 생각해 보자. '우량한 자손 및 종'을 남겨야 한다는 주장을 펼치는 우생사상 그 자체는 앞에서 살핀 것처럼 19세기 미국에서 전개되었지만 나치스 독일에서 우생사상은 최악의 사태를 일으켰다.

1939년 히틀러가 서명한 'T4 작전'에 의해 20만 명의 장애인이 살해되었다. 또 그 뒤를 이어 600만 명의 유대인과 집시가 '최종 해결(Endlosung)'이라는 이름하에 학살당했다. 이 장애인 학살에 대한 이론적 근거가 된 것은 법학자 카를 빈딩(Karl Binding)과 의사 알프레드 호헤(Alfred Hoche)가 쓰고 1920년에 출판된 《가치 없는 생명의 제거에 대한 승인》이라는 제목의 소책자였다. 카를 빈딩은 "존재할 가치가 없는 생명이 있는가?"라는 질문에 대해 "예스"라고 대답했다.[15] 그리고 가치를 잃은 존재에는 두 개의 그룹이 있다고 했다. 첫 번째는 고통 때문에 스스로 안락사를 바라는 환자

---

15. "법익적 자격이 심하게 훼손된 까닭에, 삶을 존속시키는 일이 부양자[=가족이나 의료직] 본인에게도, 사회적으로도 일체의 가치를 지속적으로 잃어버린 사람의 생명이라는 것이 존재할까." 모리시타 나오키, 사노 마코토 편저, 《신판 '살아갈 가치가 없는 생명'이란 누구의 일인가-나치스 안락사 사상의 원전에서 고찰》, 주코선서, 2020, p.46.

들이고, 다른 하나는 중증 장애인이다.[16]

두 번째 그룹은 치료 불가능한 지적장애인들로 이루어진다. (…) 이 사람들에게는 살아가려는 의지(Wille zu leben)가 없을 뿐 아니라 죽으려고 하는 의지(Wille zu sterben)도 없다. 우리가 마땅히 고려해야 할 살해에 대한 동의도 이들에게는 필요 없으며, 한편으로는 살해당하는 일이 이들의 생존 의사(Lebenswille)에 저촉되거나 이를 침해하는 일도 없다. (…) 어쨌거나 이들에게는 최대한의 간호가 필요하고 이 필요성에 근거하여 절대적인 삶의 가치가 없는 생명을 몇 년이나, 몇십 년이나 억지로 계속 살려내는 일을 업무로 삼는 직업이 성립되어 있는 것이다.[17]

카를 빈딩은 살려는 의지도 죽고 싶다는 의지도 없고, 죽인다 해도 인권을 침해당했다고 느끼지 않는 지적장애인이 있다고 생각했으며, 그런 장애인을 안락사시키는 일을 정당화했다. 카를 빈딩의 주장은 우에마쓰 사토시가 살인을

---

16. 안락사에 대해서는 다음을 참조. 안도 야스시, 《안락사·존엄사를 이야기하기 전에 알아두고 싶은 것》, 이와나미북렛, 2019.
17. 모리시타 나오키, 사노 마코토, 앞의 책, p.54.

저지를 때 입소자들의 이름을 불러 의사소통이 가능한지 확인했던 것과 같은 울림을 지닌다.

법학자인 카를 빈딩의 논문에 해설을 붙인 의사 알프레드 호헤는 이 문제를 더욱 철저하게 경제적인 관점, 특히 시설 수용에 필요한 비용 측면에서 생각했다.

> 경제에 관한 한 중증 지적장애인(Volidioten)이야말로 완전한 정신적인 죽음의 모든 전제 조건을 가장 만족시킴과 동시에 누구에게나 무거운 짐이 되는 존재(Existenz)가 될 것이다. 이 부담의 일부는 재정상의 문제로, 이는 시설의 연도별 수지 보고서를 조사함으로써 계산할 수 있다. (…) 각각의 평균 수명을 50년이라고 가정하면 쉽게 추측할 수 있겠지만, 막대한 재산이 식품 및 의료, 난방 등의 명목으로 국민의 재산에서 비생산적인(unproduktiv) 목적으로 지불되어야 하는 것이다.[18]

호헤는 재정의 부담을 강조하면서 생산성이라는 관점에 의거해 장애인을 차별했다. 그리고 이 경제적 이유에 의한

---

18. 모리시타 나오키, 사노 마코토, 앞의 책, p.85. 번역을 일부 변경함.

배제라는 시점은 시설 수용이라는 격리 정책과 동일하다. 장애인들이 경제적 비용이 든다는 이유로 살해당하는 것이다. 쓰쿠이야마유리원에 머물렀던 장애인들의 가족에게는 어쩔 수 없는 다양한 사정이 있었을 테고, 그렇기에 장애인들은 그 시설에 수용되었다.

생산성에 의해 인간을 나누려는 시도는, 얼굴을 가진 인격을 익명의 무언가로 바꾸려는 움직임이라 할 수 있다. 이는 또한 사회나 가족에게 도움이 되는가 되지 않는가를 기준으로 인간의 가치를 결정하는 일이다.

그 당연한 귀결로 수치적으로 우수한 인간과 열등한 인간이라는 서열화가 만들어지고, '열등하다'고 인식된 인간은 차별을 받고 또 배제된다. 사실 배제의 선이 어디에 그어져 있는지는 정해진 것이 아니며, 어느 정도 정치 및 경제적 상황에 따라 변화한다(정치 및 경제에는 얼굴이 없다). 수치로 사회가 서열화되는 한 다음 차례엔 내가 배제될지 모른다.

여기까지가 이 책의 전반부에서 전개했던 논의다. 객관성과 수치가 지배하는 사회를 살아가는 우리가 왜 고통스러운지에 대해 이야기했다. 제5장부터 시작하는 이 책 후반부에서는 조금 더 편안한 삶을 살기 위해 시점을 바꾸는 사고법을 제안해 보고 싶다. 우리 한 사람 한 사람이 가진 생생한 경험을 섬세하게 느낄 수 있는 방법을 손에 넣는 일이, 아마도 얼굴이 보이지 않게 된 사회에 대항할 수단이 될 것이다.

# 제 5 장

## 경험의 언어화

# 1 = ● ÷ ✚                                     이야기와 경험

제1장부터 제4장까지는 자연뿐 아니라 인간도 객관화되어 수치화·서열화되어 가는 모습을 그렸다. 자연도 사회도 그리고 마음까지도 수치화되어 객관적인 사상으로 파악되는 순간 "나는 이렇게 느낀다", "나는 이렇게 했다"는 경험이 가진 가치는 무너질 수밖에 없다. 우리 한 사람 한 사람의 경험은 객관성에 종속되는 존재로 격하되어 왔다. 인간이 수치에 의해 서열화되면 한 사람 한 사람이 가진, 수치화할 수 없는 부분은 사라지고 마는 것이다.

이 책 후반부의 주제는 우연한 대인 관계 안에서 경험을 복권시키는 방법이다. 먼저 제5장에서는 경험을 되찾기 위해 말을 소중히 다룰 것을 제안한다. 말을 소중히 다루는 일은 경험의 특별한 점에 시선을 주는 일과 연결된다. '말을 소중히 다룬다'는 건 단순히 남의 이야기를 열심히 듣는 것이 아니다. 좀 더 구체적인 방법이 있다. 이제부터 그 점에 대해 생각해 보고자 한다.

자연과학을 중심으로 한 서구 근대 학문이 객관성을 추구했던 당시, 개별적인 경험의 생생함은 한쪽에 방치되었다. 이로써 정합적 논리가 학문의 언어로 남고, 왜곡되기 쉽고 한 번으로 끝나는 이야기는 배제되고 말았다. 하지만 그렇다고 해서 논리적이지 않은 이야기의 배경에 있는 살아있는 실감이 무가치한 것은 아니다. 애매하고 다듬어지지 않은 '경험의 생생함'을 복권하기 위해 우선 그것을 전달하는 이야기를 소중하게 여겨야 할 것이다.

본론에 들어가기 전에 '경험'에 대해 간단히 정의를 내려 보자. 우리는 가족이나 친구를 비롯해 매일 접하게 되는 대인 관계 속에서 시행착오를 거친다. 교칙이나 사회제도 등 다양한 규칙과의 마찰 속에서 살아가고 있다. 더구나 우리의 사고나 행동은 문화적 배경과 경제 상황, 세대를 초월한 역사적 배경에서도 영향을 받는다. 이와 같은 배경에 입각하여 우리가 매일 느끼는 것들, 각 상황에 대한 응답이나 누군가에 대한 응답, 또 그 가운데서의 행동 등등, 이런 것들의 총체를 나는 '경험'이라고 부른다. 이 경험이 구체적으로는 어떤 성질을 갖고 있는가에 대해서는 다음 장인 제6장에서 생각하기로 하고, 지금은 경험에 접근하기 위한 관문으로서 '이야기'에 대해 생각해 보자.

**이야기의 디테일에서 삶의 스타일을 찾다**

내가 특히 중요시하는 것은 개인의 '경험'을 말하는 **즉흥적인** '이야기'이다. 이는 듣는 사람에게 살아있는 듯 생생하게 다가온다. 생생한 경험은 곧 즉흥적인 이야기의 생생함으로 이어진다. 생생한 경험이야말로 객관성과 수치화로 인해 잃어버린 무언가다. 그런 까닭에 이야기 안에 보존된 살아있는 경험을 포착하는 방법을 찾는 일은 과학에서 잃어버린 존재를 되찾으려는 실험과 같다.

나는 오랜 세월 동안 간호사나 육아 도우미와 보육 교사 그리고 영케어러(가족돌봄청년, 예전에 통용되던 '소년 소녀 가장'을 일컫는 말-옮긴이), 정신장애를 가진 당사자, 농인(귀가 안 들리는 사람), 아이누족(일본 북부에 정착해 살아온 선주민 부족-옮긴이) 출신 등 사회적으로 어려운 상황에 있는 당사자들을 인터뷰해 왔다. 인터뷰할 때는 질문을 준비하지 않고 두 시간 정도 마음 가는 대로 이런저런 다양한 이야기를 하게 두고 그것을 경청했다. 말하는 습관뿐 아니라 말을 하던 중에 있었던 실수, 의성어 및 의태어 등도 그대로 충실히 기록해(여러 이야기를 섞거나 하지 않고) 한 사람에 대해 분석한다. 한 사람 한 사람의 이야기의 디테일을 존중하면서 다양한 화제 사이의 연관성을 생각한다. 이런 방법으로 이야기하는 사람이 경험한 곤란함, 실천 스타일, 삶의 스타일 그리고 그 배경에 있는 사회 상황의 구조를, 이야기하는 사람의 입장에 서서 분석하고자 했다. 이런 식의 분석을 통해 밝혀지는 경험의 구조에는 객관적 수치가 부여하는 지식과는 다른 의미가 있다.

개별 인생이나 개별 사건을 일인칭 시점에서 분석하면, 밖에서 본 객관적 지표에서는 보이지 않는 구체적인 이미지가 만들어진다. 객관적인 데이터의 배경에 숨어있는 피와 살로 이루어진 생생한 삶의 모습을 이해할 수 있게 되고, 읽는 사람을 어떠한 행위로 향하게끔 촉발시킨다.

이야기를 소중히 다루는 일은 또한 말하는 사람의 경험을 소중히 다루는 일이기도 하다. 한 사람 한 사람의 인생은 너무나도 다르다. 이는 '개성적'이라는 의미가 아니라, 어떤 경우든 대인 관계나 환경, 행동은 사람마다 다르다는 뜻이다. 사람들과 다른 부분이 생기는 것은 때로는 우연한 사건, 특히 어려움이나 고통과 관련이 있다. 태어나고 자란 환경은 사람에 따라 다르다. 빈곤이나 차별이 있었을 수도 있고, 장애나 병 같은 신체적 조건도 다르다. 그런 까닭에 개성적이든 아니든, 인생은 여지없이 한 사람 한 사람 모두 다를 수밖에 없다. 고생이나 고통은 대체할 수 없는 우연성과 개별성으로 사람을 공격한다. 그리고 이야기는 이를 반영한다.

한 사람 한 사람의 고생 경험은 과학적인 객관성으로 회수될 수 없다. 그러므로 개별의 고생 경험을 그대로 존중하고 묘사하는 일에는 의미가 있다. 그리고 이와 같은 경험은 즉흥적인 이야기 안에 있을 때 비로소 배경의 문맥이나 대인 관계의 배치와 함께 보존될 수 있다. 그런 만큼 이야기를 그 모습 그대로 소중히 다루는 일은 말하는 사람의 경험을 소중히 하는 일이다.

사회과학 논문뿐만 아니라 신문이나 잡지 인터뷰를 이용할 때는 내용을 요약해서 알기 쉽게 고쳐 쓰는 경우가 대부분이다. 하지만 나는 '들은 이야기를 그대로 기록'하는 일의 중요성을 굳이 주장하고 싶다. 특유의 말버릇이나 인칭 대명사의 혼용, 단순한 실수 안에 경험의 주름과 복잡함이 표현되기 때문이다. 이야기의 디테일을 존중하면서 다양한 사건 사이의 연결을 생각하다 보면, 본인도 알아차리지 못했던 경험의 숨은 의미를 떠올릴 수 있다.

**'보통이란 무엇인가?'**

살아있는 듯한 생생한 경험이 어떤 식으로 표현되는지를 장황한 표현까지 포함해서 분석하면 무엇을 알 수 있는지 한 가지 예를 들어보고자 한다. 평소 나는 누군가를 인터뷰할 때, 이 책의 포맷으로 환산했을 때 50페이지에서 100페이지 정도에 걸쳐 분석을 하는데, 이번에는 그중 짧은 에피소드를 하나 소개한다.[1] 자연스러운 말투를 조용히 살피다 보면 이야기의 다이너미즘(활력)이 경험의 다이너미즘을 반영한다는 사실을 알 수 있을 것이다.

20대 쇼타 씨는 외동으로, 모자 가정이었던 어린 시절 정신질환이 있는 데다 약물에 의존하는 어머니를 돌보며 극도의 빈곤을 경험했다.

우울증이었던 쇼타 씨의 어머니는 며칠씩 드러누워 있는 경우가 있었다. 객관적으로 볼 때 쇼타 씨는 어머니를

---

1. 졸저, 《대변 수발과 꽃놀이-간호의 이야기라는 현상학》, 《재택무한대-방문 간호사가 본 삶과 죽음》(모두 이가쿠쇼인), 《아이들이 만드는 마을-오사카 니시나리의 육아 지원》(세카이시소샤), 《'영케어러'란 무엇인가-가족을 '신경 써야 하는' 아이들의 고립》(아사히신문출판)에서 구체적으로 전개하고 있음.

돌봐야 하는 영케어러였으며 초등학생 때부터 집안일을 부담했다. 쇼타 씨 본인에게는 '학교에 가지 않는 아이'라는 딱지가 붙었고, 어머니에게는 '우울증', '약물 의존', '자기 방임' 등의 딱지가 붙었다. 그러나 쇼타 씨는 자신과 어머니의 삶을 그런 외부에서 붙인 딱지로 이야기하지 않았다.

이어서 이야기에서 '보통'이라는 단어를 사용한 경우를 몇 가지 인용해 본다. "지금 생각해 보면" 하고 어린 시절을 돌이키면서 쇼타 씨는 자신의 발걸음에 의미를 부여했다. 그런 가운데 '보통'이란 단어가 등장할 때마다 그 의미가 조금씩 변했고, 마지막에는 전혀 뜻밖의 방법으로 사용되기에 이른다. 이런 작은 말버릇 안에 삶의 스타일이 표현된다.

쇼타 씨: 밥을 하거나 빨래를 하는 정도는 (저도) 가능했는데, 청소 같은 것은 못해서 계속 더러운 상태였으니까 **보통** 바퀴벌레가 나오는 느낌이었습니다. 어머니는 자리에서 일어났을 때 지저분하면 무척 화를 내셨어요. 아마 정신적으로 힘드셨던 것 같습니다. 특히 일어났을 때 어질러져 있으면요. "어쩔 수 없지" 하는, **지금 생각해 보면** 그런 생각이 듭니다 (괄호는 회화문, 쌍따옴표는 심상).

어린 시절 아파트에서 '보통' 바퀴벌레가 나온다고 했다. 초등학생인 쇼타 씨가 집안일을 해야 했는데 제대로 치우지 못하면 자리에서 일어난 어머니에게 혼이 났다. 혼나는 것은 불합리한 일이었지만 쇼타 씨에게는 '보통'의 사건이었을 것이다. 어머니와 정신적으로 힘들게 생활하는 것이 기본이었던 까닭에, 세상의 보통과는 다른 쇼타 씨만의 독자적인 '보통' 안에서 살았던 것이다.

하지만 이 '보통'이 흔들리게 된다.

쇼타 씨: 어머니는 우울증으로 요리하는 것도 힘들어하셨어요. 그래서 매일 저녁 컵라면 같은 것을 먹었지만 그것이 저는 **보통**이라고 생각했습니다. 그래서 친구들이 저희 집에 왔을 때 저녁으로 컵라면을 내밀었더니 그 친구들이 경악했다고 할까, 깜짝 놀라더군요. "엥?" 하고요. "이 녀석 집에 놀러 갔더니 컵라면을 주는 거 있지?" 이런 느낌이었습니다. 저한텐 그게 **당연한** 일이었으니까 "그게 **당연한** 게 아니었나?" 하는 컬처 쇼크를 받았습니다.

저는 그게 '**당연한** 거잖아'라고 생각했어요. 그렇기에 매일 저녁 컵라면을 먹어도 아무렇지도 않고 "**보통** 그렇잖아" 이러는 느낌이어서 (친구가) 깜짝 놀란 모양입니다.

어린 시절 쇼타 씨는 바퀴벌레가 많이 나오는 방에서 매일 밤 컵라면을 먹는 생활을 '보통'이라고 생각했다. 그러나 친구들이 놀라는 모습을 보고 자신의 '보통'이 일반적인 세상의 '당연한' 일이 아니라는 사실을 깨닫는다. 자신의 '보통'과 세상의 '보통'이 대립하는 것이다.

또한 정규학교를 가지 않았던 쇼타 씨는 다녔던 프리스쿨(대안학교)에서 또 하나의 다른 '보통'과 만나게 된다.

쇼타 씨: 그런 식생활을 했던 만큼 점심 식사도 좀처럼 준비할 수 없었어요. 학교에 가면 급식을 주지만 프리스쿨에는 그런 급식도 없었기 때문에 선생님이 "네 밥값이야" 하며 자비로 돈을 내주셔서 그것으로 점심을 사 먹었습니다.
그런 일은 **보통**, 있을 수 없다고 할까, 좀처럼 없는 일이잖아요. 그렇지만 당시는 '그런가 보다' 하는 느낌으로 받아들였다고 할까요. 지금 생각하면 '선생님, 참 대범하셨네' 하는 생각이 들고, '어린아이가 매일 저녁 컵라면을 먹으면 건강에 안 좋겠지' 하는 생각도, **지금 생각해 보면** 듭니다. 하지만 당시는 그게 **보통**이라고 생각했죠.

프리스쿨 교직원에게 점심을 얻어먹는 일이 "보통, 있을 수 없는" 일이라는 사실을 쇼타 씨는 성인이 되어서야 알게 되었다. 당시는 '그런가 보다' 하고 '보통'으로 받아들인 것이 일반 세상에서는 '보통'이 아니라는 사실을 '지금 생각해 보니' 알게 된 것이다.

어머니가 며칠씩 누워있는 일, 일어나면 화를 내는 일, 바퀴벌레가 나오는 일이나 식생활 같은 것도, 프리스쿨 교직원의 배려도 쇼타 씨가 알지 못한 채 처하게 된 환경이었으며 어린 시절에는 그것을 '보통'으로 받아들였다. 하지만 진짜로 '보통'인 일이라면 '보통'이라고 이름 붙일 필요조차 없다. 굳이 '보통'이라고 이름 붙인 것은 '지금 생각해 보면' 보통이 아니었기 때문이다. 돌이켜 보면 지금의 사회적 가치관과는 다른 과거의 생활 때문에 '보통'을 둘러싼 동요가 발생하는 것이다. '보통'이라는 말을 사용하는 데에서 섬세한 구분을 통해, 쇼타 씨는 그 자신이 놓인 환경과 사회의 관계를 이야기하고 있었다.

'보통'을 둘러싼 동요는 그 뒤로도 계속된다. 쇼타 씨는 중학생 때 어머니가 약물 남용으로 체포되자 이후 오사카시 니시나리구에 있는 아동 시설인 '어린이 마을(こどもの里)'에 맡겨진다. 다음 장면에서도 성인이 된 뒤에 알아차린, '보통'을 둘러싼 흔들림(동요)을 알 수 있다.

쇼타 씨: 학교도 가지 못했고 가정적으로 조금 힘든 아이였기 때문에 **보통**이라고 하긴 그렇지만, '니시나리 이외의 [보통의] 시설이라면 찾기 어렵겠지' 하고 생각했어요. 아마 선생님과 다른 분들이 "어린이 마을에 가면 프리스쿨도 다닐 수 있고, 니시나리구 안이니까 어떻게든 되지 않을까?" 하고 말씀하신 덕분에 아동상담소의 일시 보호소에서 나와 어린이 마을에 왔던 것 같습니다.

아이린 지구 등 오사카시 니시나리구 북부는 사회적으로 빈곤한 사람이 많이 거주하는 지역으로 잘 알려져 있다. 쇼타 씨는 니시나리구가 아닌 다른 지역에서 어렵게 성장했고, 초등학교 고학년 때부터는 '학교도 가지' 못했다. 아동상담소는 통상적인 공립 아동양호시설이 아니라, 그 지역에서 어린이 지원에 정평이 있는 민간단체인 어린이 마을에 쇼타 씨를 위탁했다. 어린이 마을에서는 많은 어려움을 겪으며 자란 '보통'이 아닌 경우의 아이도 받아들여 준다고 쇼타 씨는 생각한 것이다.

① 매일 저녁 컵라면을 먹고 바퀴벌레가 나오는 환경에서 어린 시절을 보낸 쇼타 씨가 생각하는 '보통'

② 일반적인 사회의 '보통'

③ '보통이 아닌' 포용력을 가진 장소인 니시나리구의 성인들

쇼타 씨는 이런 세 종류의 '보통'을 둘러싼 긴장 관계 안에서 성장했다. '보통'이라는 말을 주의 깊게 살핌으로써, 쇼타 씨가 어떤 대인 관계와 사회 환경 속에서 살아왔는지 알 수 있다. 그중에서도 가장 일반적인 사회의 '보통'에서 멀어졌을 때의 경험은 고등학교 시절 어느 날 밤에 있었던 일일 것이다.

쇼타 씨: 어머니는 일주일 정도 자리에 누워있을 때가 있었습니다. 그때도 일주일 정도 누워만 계시다가 일어났는데, 마침 제가 (대학 수험 공부 때문에) 신경이 날카로워져 있을 때였습니다. 어머니는 평소처럼 도시락을 사다 달라고 하시더군요. (……)
도시락을 사 와서 "여기" 하고 어머니에게 건네니 어머니는 도시락을 바로 쏟아버렸습니다. 그래도 저는 아무 말 없이 제 방으로 돌아가 다시 공부를 시작했죠. 그런데 어머니가 화장을 하시더니 가방을 들고 나가는 것이었습니다. 갑자기요. "어디 가?"라고 물어도 무시하고 아무 말도 없이 조용히

나갔습니다. '또 어딜 가는 거야?' 하는 생각에 전화를 해도 안 받으시더군요.

저는 그대로 공부를 계속했는데, 집에 사람이 찾아와서 나가 보니 경찰이었어요. 그 경찰이 "확실한 건 아니지만 어쩌면 어머님이 돌아가셨을 수도 있다"고 하더군요. 돌아가신 곳은 전철 건널목으로, 거기서 선로에 뛰어들어 돌아가신 거였습니다. 그 건널목 말인데요, 어머니에게 친구가 두 사람 있었는데 그 두 분 모두 그곳에서 자살했습니다. 친구들의 영향을 받았다고 해야 할지, 아마도 '죽을 땐 여기서 죽어야지' 하고 생각하신 모양입니다. '여기라면 친구들이 있잖아'라고 생각하며 돌아가신 것 같아요.

쇼타 씨의 어머니는 어느 날 갑자기 스스로 목숨을 끊었다. 쇼타 씨의 침착한 말투에서 억제된 감정과 절박했던 당시의 생생함이 느껴졌다. 얼마 뒤 쇼타 씨는 인터뷰를 할 때 사실은 눈물을 억지로 참았노라고 메일을 보내왔다.

인터뷰 마지막에 쇼타 씨는 자신이 초등학교 때부터 보살폈지만 자살하고 만 어머니와의 관계를 돌아보며 다시 한번 '보통'이라는 단어를 사용했다. 그때, 지금까지의 '보통'을 둘러싼 애매모호함이 결정적으로 뒤집어졌다.

쇼타 씨: 저는, 당시 저 자신이 무척 '불행하다'고 생각했습니다. '정말이지 좀 더 평범한 가정에서 자랐으면 좋았을 텐데' 하면서, 일반이라든가 **보통**이라든가 하는 것을 무척 동경했습니다. 초등학생 때는 특히요. 그렇지만 **지금 생각하니** '**보통**이란 건 뭐지?', '일반적이란 건 뭐지?' 하는 의문이 듭니다. 또 '어머니가 키워줘서 다행이다' 싶기도 하고, '그런 어머니가 키워주셨기 때문에 지금의 내가 있다'라는 생각도 듭니다. 그리고 '어머니는 막판에는 반드시 나를 선택해 주었다. 그러므로 어머니가 키워주셔서 다행이다'라는 생각이 **지금은 듭니다**.

예전에는 정말 **보통** 같은 말을 동경했어요. **보통**, 일반적, 유복하다 같은, **보통**으로 밥을 먹고, **보통**으로 학교를 다닌다는 그 **보통**이라는 것을 동경했던 거죠. 지금은 '**보통**이 뭐지?' 하는 느낌이 들고, 어머니가 키워주셔서 다행이라는 생각이 듭니다.

쇼타 씨는 인터뷰 중에 몇 번에 걸쳐 '보통'이라는 단어를 사용했지만, 사용할 때마다 의미가 조금씩 변했다. 사회에서 '보통'의 가치관을 획득한 현재의 시점에서 '지금 생각하면' 하고 돌이켜 보면서 어린 시절의 경험에 의미를 부여한다. 게다가 인터뷰 마지막 즈음에는 여덟 번이나 '보통'이라는 말을 쓰면서 뜻밖의 의미를 부여했다.

초등학교 시절에는 바퀴벌레가 많이 나오는 집에서 생활하고 매일 식사를 컵라면으로 때우는 생활을 '보통'이라고 느꼈다. 친구들이 깜짝 놀라는 것을 보고 일반적인 세상이 말하는 '보통'을 알게 된 이래 '보통'은 쇼타 씨를 얽매는 규범이 되었으며 그것을 내면화하면서 동경하게 되었다. 그러나 마지막에 쇼타 씨는 크게 변화한다. '보통이란 뭐지?' 하고 본인 스스로 이 세상의 '보통'에서 이탈한다. 수동적으로가 아니라 스스로의 의지로 '보통'에서 이탈한 것, 그것은 그대로 쇼타 씨 삶의 스타일의 표현이 되었다. 어려운 사회적 조건 속에서 어떻게 주체적으로 인생을 받아들이는지를 잘 나타내고 있는 것이다.

어머니는 우울증과 약물의존증으로 쇼타 씨를 제대로 돌보지 못했다. 뿐만 아니라, 쇼타 씨는 수시로 바뀌는 어머니의 파트너에게 폭력을 당했고, 거주지를 계속 바꿔야 했다. 그리고 단둘이 살았던 고등학생 때 어머니는 충동적으로 자살하고 만다. 이런 배경 속에서 쇼타 씨는 "어머니가 키워주셔서 다행이다"라는 말을 반복한다. 최종적으로 한때는 자신의 것으로 내면화했던 일반적인 세상의 '보통'

이라는 가치관에서 벗어나 자신만의 가치를 발견하는 동시에, 자신과 어머니의 인생을 긍정적으로 받아들인 것이다. 쇼타 씨의 침착한 목소리에서 경험의 무게를 분명히 엿볼 수 있었다. 그리고 그의 개인적인 경험이 일반적인 '보통'으로 회수되지 않는다는 사실을 다양한 방식으로 확인할 수 있었다.

인터뷰를 두 시간 넘게 즉흥적으로 진행한 만큼 쇼타 씨가 '보통'이라는 단어를 의식적으로 몇 종류로 나누어 사용한 것은 아니다. 의식하지 않은 상태에서 '보통'이라는 단어를 다양하게 사용했고, 또 자신도 모르는 사이에 그 의미를 계속 변화시켰다. '보통'이라는 단어의 변화에는 그가 곤경에 대해 응답하고 자기 삶의 방식을 만들어 간 프로세스가 표현되어 있다. 마지막으로 '보통이란 뭐지?' 하고 일반적 세상의 상식에 반문하고 사회의 가치관에서 이탈함으로써, 빈곤과 폭력 속에 있던 본인의 인생과 갑자기 자살한 어머니의 인생 모두를 긍정한 것이다.

이 이야기를 읽으면 '영케어러'나 '자기방임(neglect)' 같은 객관적인 개념으로는 다 설명할 수 없는 개별적이고 살아있는 모습이 전해질 것이다.

별생각 없이 사용된 단어 하나를 추적하는 것만으로도

쇼타 씨 스스로의 시점에서 본 **경험의 스타일**과 세상을 어떻게 조립하는지가 일부 보인다. 쇼타 씨는 일반적인 세상에서 말하는 '보통'이라는 가치관에서 소외되었지만, 그러한 '보통'과는 거리를 둔 채 자기 자신만의 단어로 가치관을 만들어 냈다. 그 프로세스는 역경에 처해있어도 어머니와 그 자신을 긍정한다는 일관성을 갖는다. 경험의 스타일은 특정 상황에 대처하는 사람마다 각각 고유의 형태를 띤다. 실제로 다양한 상황에서도 일관적이었던 쇼타 씨다운 행동 방식이 있었다. 이것이 스타일인 것이다. 같은 상황이라고 해도 모든 사람이 쇼타 씨처럼 행동할 거라고는 단언할 수 없다. 보통의 가치관을 상대화하고 그에 따라 어린 시절 느꼈던 세계에 의미를 더해 어른이 되면서 갱신하는 스타일은 쇼타 씨만의 독특한 것이다. **이야기의 디테일을 있는 그대로 존중함으로써 그 사람이 가진 경험의 스타일을 찾아내는 일**이 가능해진다.

조금 보충하자면, 나는 질문지 조사 등으로 얻은 영케어러나 학대에 관련된 객관적인 데이터를 부정하고 싶은 것은 아니다. 이들 데이터는 어린이와 관련된 전반적인 상황을 생각하는 데서 귀중한 데이터이며 나 역시 항상 참고로 삼는다. 하지만 객관적인 시점에서 얻은 수치적인 데이터나 일반적 개념은 개별 인생의 구체적인 폭과 복잡한 경험을 이해할 때에야 비로소 의미를 갖는다. 수치적인 데이터 이면에 인생의 두께가 숨겨져 있는 것이다.

물론 인터뷰에서 하는 이야기는 인생의 지극히 일부를 요약한 것에 불과하다. 인터뷰어인 나와의 귀중한 인연으로 인해 나올 수 있었던 것이다. 하지만 우연한 사건으로 가득한 인생에 대해 즉흥적으로 이야기해야만 떠오르는, 그 사람만의 삶의 스타일이 있다. 이렇게 인터뷰한 사람이 가지고 있는 생생한 경험의 모습이 이야기 안에서 정착되고 그 골격을 보여주는 것이다.

## = 2 ● ÷ +     '생생한 경험'이란 무엇인가

**생생한 경험 건져내기**

인터뷰도 그렇고 다큐멘터리 영화도 그렇고, 혹은 픽션인 소설이나 영화나 만화, 애니메이션 역시 마찬가지지만, 등장인물의 인생에는 개별 사건이 있는 만큼 (얌전한 일상을 보냈다고 해도) 독자나 관람자로 하여금 많은 생각을 하게 한다. 사건이나 상황이 가진 질감, 이 책에서 말하는 '생생한', '살아있는', '절박한' 경험이 상대방에게 반응을 일으키는 것이다.

경험이 생생하다는 것은 딱히 특별한 일이 아니다. 충격적인 사건이 일어나지 않아도 상관없다. 우리 누구나 일상적으로 느끼는 사건에도 '생생한 경험'이 다수 존재한다. 그렇다면 이야기의 어떤 측면에서 이 생생함을 건져낼 수 있을까?

다음 인터뷰에서는 20대 초반의 여성이 영케어러였던 초등학생 시절을 되돌아본다. 어머니가 각성제를 사용하는 것을 목격하는 장면이다.

> A 씨: 각성제를 사용했으니까요, 어머니가요. 그렇다 보니 역시 돈도 없게 되고 (……) 집에 와도 밥이 없는 일이 꽤 있었어요. 그래서 어렸을 때 일이라 그다지 기억나진 않지만, 그래도 저는 꽤 섬세한 편이었기 때문에, 엄마가 너무 걱정돼서 **바로** 울음을 터뜨리기도 하고……. 아니면 **계속** 울기만 할 때도 있었는데, 그걸 남동생과 여동생이 **물끄러미** 보고 있는 그런 느낌이었어요.

이런 이야기를 통해 경험이 생생하게 느껴지는 것은 무슨 이유에서일까?

어머니가 각성제를 복용했다는 극단적인 사건 때문만은 아니다. 사건을 말하는 방식에야말로 A 씨가 느꼈던 심각함이 잘 표현되어 있다. '바로', '계속', '물끄러미' 같은 단어가 지니는 어울리지 않는 리듬이 복잡하게 얽힌 상황을 암시하고 있는 것이다. 게다가 '사용했으니까요', '그렇다 보니', '없게 되고', '섬세한 편이었기 때문에', '너무 걱정돼서' 등 이유를 말해주는 어미가 반복되면서 절박한 리듬을 띤다. 그리고 과거의 상황에 몰입되어 절박하게 이야기하면서도 이와는 모순되게 '그다지 기억나진 않지만' 하고 거리를 두는 회상 방법도 사용되고 있다. 이러한 이야기 방식이 가져다주는 거칠고 어울리지 않는 리듬이야말로, A 씨가 당시 경험에 몰입하여 지금 막 생생하게 떠올리고 있다는 사실을 나타낸다.

경험의 절박함은 이야기의 비뚤비뚤한 감촉을 통해 전해진다. 이 비뚤비뚤함을 분석하면 복수의 리듬이 얽혀있음을 알 수 있다. 현실의 사건이나 상황은 결코 질서정연하게 만들어지는 게 아니기 때문이다. A 씨 본인도 지금에서야 처음으로, 과거에는 말로 표현한 적 없는 경험을 말로 설명하고자 탐색하는 것이므로, 당연히 이야기는 이리저리 요동치고 모순을 품은 채 삐걱댄다.

필자: 가장 인상적인 건 그렇게나 강하게 어머니에 대해 떠올릴 수 있다는 건데, 어떤 이유일까요?

A 씨: 글쎄요. **가끔**…… 엄마는 **항상** 불안한 듯한 얼굴을 하

고 있었다고 할까. 약을 먹는 일도 있었으니까, 웃지 않았거든요. ……**어느 때인가** 엄마가 울고 있었어요, 엄청. 집에 돌아왔더니요. 소리는 내지 않았는데 눈물을 **계속** 흘리고 있었어요. 그래서 '지켜줘야겠다'라는 생각이 들었어요.

필자: 지켜줘야 하는 존재였군요.

A 씨: 그러게요. 엄마는 혼자였고, 편모 가정에 홀로 있는 거였으니까요. 그리고 제가 장녀인 것도 있었던 것 같아요. 책임감이 강한 부분이 솔직히 있었어요. 제 안에, 속에 있었습니다. (……) 계속 그랬어요. 집에 와도 '엄마는 없고', '밥도 없는' 상태였죠. 집에 돌아와도.

어머니는 '가끔', '항상' 불안한 얼굴을 하고 있었지만 눈물은 '어느 때인가' 혹은 '계속' 흘렸다. 즉흥적인 이야기였던 까닭에 만들어질 수 있었던 결코 어울릴 수 없는 복잡한 리듬을 통해, 약물 사용자인 어머니가 느꼈던 불안과 그 모습을 지켜보는 A 씨가 느꼈던 절박한 불안이 생생하게 표현되어 있다. '혼자', '홀로' 그리고 '제 안에, 속에' 등 조금씩 변하지만 계속되는 반복도 당시의 절박함을 잘 표현하고 있다.

또한 우울증을 앓고 있던 어머니가 우는 모습에, A 씨가 장녀로서 느끼는 책임감이 추가되면서 상황은 중층이 된다. 생생한 이야기는 대개 서로 다른 리듬을 가지고 다양한 층의 경험이 복잡하게 얽혀 이루어진다. 이야기 안에서 섞이지 않는 거친 리듬이야말로 상황의 생생함을 잘 표현하고, A 씨가 빠져있던 곤란과 고립을 잘 드러낸다.

### 객관성과 상황의 생생함

나는 객관성과 대조하여 '경험의 생생함'이라는 단어를 사용하고 있다. 수치에 의해 측정되는 것이 사물의 특성이다. 이에 비해 경험의 생생함은 경험의 강도와 관련이 있다. 단순히 사물이 그곳에 존재하는 것만으로는 생생하다고 말할 수 없다. 누군가가 거기에 휘말리고, 사건이나 상황으로 인해 촉발되어 다른 사람들이 응답하지 않을 수 없을 때 생생하고 절박한 경험이 된다.

게다가 경험의 생생함은 살아있는 현실감의 토대이긴 해도 말로는 완벽하게 표현할 수 없다. 인터뷰는 사건 혹은 인생 전체의 요약이며 생략이자 근사치에 불과하다. **말하기 극히 어려운 경험을 굳이 말로 하는 것이다**. 즉흥적으로 말한다고 해도 말을 더듬으며 힘들게 기억을 떠올려야 하는 그런 사건도 있을 것이다. 이야기가 생생함을 표현하는 것과 경험의 생생함을 말하는 어려움은 동전의 양면 같은 관계다. 그런 만큼 다듬어지지 않은 이야기야말로 생생함을 잘 드러낸다. 이 말은 동시에 경험이 전부를 말할 수는 없으며 침묵하는 일도 존중되어야 한다는 사실 또한 의미한다.

A 씨의 이야기에서는 서로 어울리지 않는 리듬이 두드러졌다. 다음 제6장에서는 이런 리듬이 경험에서 어떤 의미를 갖는지 생각해 보도록 한다.

## 제6장

**우연과 리듬 — 경험의 시간에 대하여**

# 1 = ● ÷ ＋　　　　　　　　우연을 받아들이다

## 우연과의 만남

제5장에서는 생생한 경험이 드러난 **이야기**를 좀 더 잘 들을 수 있는 방법에 대해 생각해 보았다. 제6장에서는 우리의 생생한 경험 그 자체에 접근하고자 한다. 생생한 경험에는 다양한 측면이 있지만 이 책에서는 일단 시간이라는 측면을 이용한다. 경험의 생생함은 시계로 계측할 수 있는 시간과는 완전히 다른 성질을 갖는다. 이와 관련하여 우연한 만남과 우리를 관통하는 리듬의 관점에서 생각해 보고 싶다.

과학의 세계에서 시공간의 구조는 뉴턴역학과 상대성이론에 의해 설명할 수 있다.[1] 과학에서 시간은 시계로 측정

---

1. 후설의 시간론과 신체론, 베르그송의 시간론은 이와 같은 경험의 다이내믹한 시공간 구

할 수 있는 균질한 수치이며, 공간은 좌표축을 통해 길이를 측정할 수 있는 수치다. 시간도 공간도 균질하게 펼쳐질 뿐 아니라, 수치의 연속적인 변화에 의해 시공간 구조가 그려지며 사물은 그 안의 좌표축에 매핑(mapping)된다.

이와 닮은 형태로 사회과학에서 시간과 공간은 연표와 지도에 의해 매핑된다. 연표는 그야말로 수치 선상에 사건을 위치시키는 것이며, 지도는 사물이나 사건을 객관적인 평면의 확장 안에 매핑한다.

하지만 경험의 시공간은 좌표축상에 위치시킬 수 없고 외부에서 관찰하는 일도 불가능하다. 경험의 리얼함이 지닌 시간과 공간은 아마도 우연성이나 리듬이라는 단면을 통해 생각하는 편이 이해하기 쉬울 것이다.

이는 우리의 경험은 항상 우연히 노출되기 때문이다. 머리 위로 물건이 떨어질지도 모르고, 등교 중에 생각지도 않게 헤어진 연인과 만나게 될 수도 있다. 애초에 사랑에 빠진 것도 우연한 만남이 계기가 되었을 것이다. 또한 언제 어떤 병에 걸릴지, 장애가 생길지 아닐지는 예상할 수 없는 우연이라고밖에 말할 수 없다. 나 자신도 우연한 만남이 쌓

---

조 기반을 탐구하려는 것으로 그 길을 열었다.

여온 덕분에 지금까지 다양한 연구를 할 수 있는 기회를 얻었다.

우연히 만나는 사건과 함께 우리의 인생은 만들어진다. 인간이 변화하는 것은 항상 우연한 사건, 평생의 단 한 번뿐인 만남, 생각지도 않게 우연히 입에서 나온 말이 계기가 된다.

사건이 일어난 일시는 연표 어딘가에 표시 가능하지만 사건이 왜 그때 '우연히' 일어났는가 하는 '우연성'은 연표에 써넣을 수 없다. 하지만 '우연히'는 분명 시간적인 경험이다.

### 구키 슈조의 《우연성의 문제》

근대 일본 철학자인 구키 슈조(九鬼周造, 1888~1941)는 우연이라는 문제에 정면으로 부딪쳤던 얼마 되지 않는 사람 중 하나다. 그는 우연을 정언적(定言的) 우연, 가설적(假說的) 우연, 이접적(離接的) 우연, 원시(原始) 우연 등 네 종류로 나누어 생각했다.[2]

정언적 우연은 '법칙의 이면에 예외로서의 우연성'이 동

---

2. 구키 슈조, 《우연성의 문제》, 이와나미문고, 2012.

반하는 것이다.[3] 이 책의 문맥으로 생각하면 통계적인 법칙성에는 포함되지 않는 개별성을 가리키는 것으로, 바꿔 말하면 우리의 경험은 통계적인 객관성에서 항상 일탈하게 된다.

가설적 우연은 '조우(遭遇)'[4]를 뜻하는 것으로 만남의 우연성을 말한다. 물론 다양한 인과관계를 무한으로 계산할 수 있다면 우연한 만남은 우주의 물리법칙 안에서 필연적으로 발생하는 것일지도 모른다. 그러나 그런 계산은 그야말로 '무한'이란 요소를 고려할 필요가 있는데 이는 불가능하다. 그런 까닭에 만남은 실질적으로는 우연인 것이다.[5]

이접적 우연은 갈라져 나오는 우연을 말한다. '이렇게 될 수도 있었지만 그렇게는 되지 않았다', '이 길을 선택했지만 다른 가능성도 있었다'는 식의 우연이다. 제3장에서 인용한 미야노 마키코가 여러 선택지 중에서 암 치료법을 선택하는 어려움을 이야기했을 때 염두에 두었던 게 이것이다(미야노 마키코는 구키 슈조 전문가였다). 구키 슈조는 주사위의 눈에 대해서도 연구했다. 주사위를 몇만 번 굴리다 보면 5가

---

3. 구키 슈조, 앞의 책, p.48.
4. 위의 책, p.20.
5. 위의 책, pp.159~160.

나오는 확률은 6분의 1에 한없이 가까워질 것이다. 이 6분의 1이라는 숫자가 확률이다. 하지만 다음번 던졌을 때 어떤 숫자가 나올지는 여섯 가지 가능성으로 갈라지는 우연으로 결정된다. 확률이란 인생의 우연을 갈라져 나오는 가지처럼 보이게 하면서 다수의 샘플을 모아 객관화함으로써, 여러 개로 갈라지는 우연성을 다루는 방식이다.

마지막으로 원시 우연은 세계가 애초에 존재한다는 것, 혹은 내가 이와 같은 방식으로 애초에 존재한다는 바꿀 수 없는 사실을 말한다. 존재의 시작을 예상하는 일은 불가능하며 존재의 이유를 설명하는 일도 불가능한, '단지 존재한다'고밖에 말할 수 없는 존재의 사실을 의미한다. 예외, 만남, 갈라져 나오는 우연은 '존재'라는 원시 우연에서 유래하는 것이라고 구키 슈조는 생각했다.[6]

### 내가 존재하는 것의 우연성이 경험의 기반이 된다

구키 슈조는 우연이 경험의 생생함과 관련이 있다고 이야기했다.

---

6. 구키 슈조, 앞의 책, p.248.

예술이 우연을 대상으로 삼기를 즐기는 것은 우연이 생명감을 동반하는 사실에 기반하고 있기 때문이라고 생각한다. (……) 자연현상의 우연성은 예지하기 어려우며, 법칙으로 파악하기 어렵다. 거기에는 개성과 자유가 드러나 있다. 생명의 방낭(放埒, '방탕'과 비슷한 의미-옮긴이)과 자의(恣意)의 유희가 나타나는 것이다. 그 생명, 그 유희가 아름답다. 그 발랄한 일탈성에 대한 경이가 감동을 부여하는 것이다.[7]

우연은 생명과 관련이 있다. 법칙으로부터 일탈하고 분방한 결과를 선택한다. 그와 같은 유희 안에 경험의 생명감, 즉 생생함이 깃든다.

우리의 행동은 때로는 돌발적인 것으로 인과관계로는 설명할 수 없다. 예측할 수 없는 우연한 사건 아래 우연한 행동이 만들어지고, 우리는 되돌아갈 수 없는 형태로 변화한다. 그 이유는 때로는 뒤늦게 자취를 더듬듯 이야기된다. 그런 까닭에 이야기는 우연을 보존하고 이야기의 정제되지 않은 표현은 경험의 생생함을 보여준다.

앞서 언급했던 미야노 마키코는 죽기 한 달 전에 편지를

---

7. 구키 슈조, 앞의 책, p.242.

나눴던 이소노 마호(磯野真穂, 일본의 젊은 인류학자-옮긴이)에게 이렇게 썼다.

> 왜 나는 그렇게까지 우연을 물었고 이야기하려고 했던 걸까? 드디어 알 것 같은 느낌이 듭니다. 거기에야말로 '살아 있다'는 것, '살려고 하는 힘'의 시작이 있기 때문입니다.
> (……)
> 암에 걸리지 않고 오늘도 활기차게 술을 마시고 있을 가능성도 있었다. 한편으로는 당연히 암에 걸릴 가능성이 있다. 이렇게만 읽으면 내가 암에 걸렸다고 하는 우연은 주사위를 던져서 우연히 6이 나온 것 같은 확률의 문제로 보일지도 모릅니다. 하지만 물론 그렇지는 않아요.[8]

"암에 걸리지 않고 오늘도 활기차게 술을 마시고 있을 가능성도 있었다. 한편으로는 당연히 암에 걸릴 가능성이 있다." 이는 구키 슈조가 이접적 우연이라 부른, 주사위처럼 갈라져 나오는 우연의 선택지다. 하지만 미야노 마키코는 암에 걸린 것은 단순한 확률의 문제가 아니라고 한다. 즉

---

8. 미야노 마키코, 이소노 마호, 앞의 책, p.173.

이접적 우연이 아니라는 것이다.

중요한 것은 '있을 수'도 '없을 수'도 존재할 수 있는 '그럼에도 불구하고'이지만, 나는 암에 걸리고 말았다는 것. 즉 '그럼에도 불구하고'의 반전, 역접(逆接)이야말로 내가 유방암에 걸렸을 때 우연이라고 느끼는 사건의 실체입니다.
(……)
내가 우연을 계속 묻고 '그럼에도 불구하고…… 있다'를 이야기할 때 그 근원에 있었던 것은 무(없음)에 사로잡혀 필사적으로 그곳에서 빠져나오려고 하는 생에의 욕망이며, '그럼에도 불구하고…… 있다'고 말하는 것으로 자신의 존재를 보호하려고 하는 나의 집착이었습니다. 지금 나의 병을 이야기하는 가운데서도 그 무섭기까지 한 힘을 느낍니다. 그러나 이것이 산다는 것이며, 그리고 나는 살기 위해 문장으로 말을 하려는 것입니다.[9]

걸리지 않을 가능성도 있었으나 '그럼에도 불구하고' 암에 걸린 운명을 받아들이면서, 인생과 사색이 생각지도 않

---

9. 미야노 마키코, 이소노 마호, 앞의 책, pp.173~174.

은 변화를 맞는다. '그럼에도 불구하고…… 있다'고 이야기할 때, 미야노 마키코는 우연히 존재하는 일의 신비함과 조우한다. 미야노는 이를 '살려고 하는 힘'이라 불렀다.

다양한 우연에 농락당하면서 '그럼에도 불구하고' 내가 '있다'는 것, 그것이 우리의 존재가 갖는 신비함이며 구키 슈조가 원시 우연이라고 부른 것이다. 그리고 이와 같은 '그럼에도 불구하고' 내가 '있다'는 일의 신비함이 경험의 생생함인 것이다. 사람이 자기 인생을 살려고 하는 것은 존재하는 일 자체의 우연성에 그 뿌리를 둔다.

암 치료를 위해 에비던스에 기반한 의료를 접하게 되면서, 의사가 검사 결과라는 객관성을 기반으로 "갑자기 상태가 안 좋아질지도 모릅니다"라고 이야기하는 장면에서 시작되는 미야노 마키코와 이소노 마호의 편지 교환은, 암이라는 우연한 경험과 살아간다는 것의 신비함을 두드러지게 부각하면서 긍정하는 것으로 결말을 맞는다. 누군가에게 우연은 말하는 일에 의해서만 정착된다. 미야노 마키코는 친구인 이소노 마호에게 이야기하는(편지를 보내는) 행위를 통해서만, 병의 경험 그리고 자기 자신의 삶이라는 우연에 의미를 부여할 수 있었을 것이다.

**우연성의 과학**

그렇다고 과학이 우연성과 아무 관련이 없다는 것은 아니다. 사실 객관성이나 보편성을 부르짖는 과학도 우연성과 인연이 깊다. 근대 학문은 얼핏 보면 한없이 무작위로 발생하는 우연한 사건을 어떻게 합리적으로 이해할 것인가 하는 관점에서 발전해 왔다고도 할 수 있다. 현대 의학의 기준인 '에비던스에 근거한 의료'라 불리는 표준화를 비롯해, 객관성과 타당성을 중시하는 근현대의 과학은 통계학에 의거하고 있다. 과학철학자 이언 해킹에 따르면 통계학이란 이 세상이 우연한 사건으로 가득하다는 사실을 인정하는 가운데 '우연을 길들이기' 위한 학문이다. 내기, 배가 조난당할 확률, 도시의 지역별 사망률 등 다양한 우연을 어떻게든 제압하려고 한 것이다. 이언 해킹은 다음과 같이 말했다.

> 나는 '우연 길들이기'에 대해 어떻게 하면 '우연' 혹은 규칙적이지 않은 사건이 자연법칙이나 사회법칙의 근저에 확실하게 자리 잡을 수 있게 되었는지에 대해 썼다. '우연'은 (……) 자연과학과 사회과학의 중심이 되었다.[10]

---

10. 이언 해킹, 앞의 책, p.14.

통계학은 수많은 데이터를 모아 수학적으로 처리함으로써 사건이라고 하는, 원래 우연히 그리고 개별적으로 발생하는 존재에서 법칙성을 이끌어 내는 방법이다. 이는 학문의 중요한 성과다. 우리의 생활은 통계학에 의해 우연을 통제하는 일 없이 성립되지 않는다. 일견 무질서한 자연현상이나 사회현상 안에서 법칙성을 찾아냄으로써, 예를 들어 날씨 예보, 암의 예후나 치료약의 효과, 감염증의 이환율(병에 걸리는 비율-옮긴이) 등의 계산이 가능해지는 것이다. 통계학은 우연한 사건에 똑바로 직면하는 것이 아니라, 살짝 눈을 돌려 밖에서 바라봄으로써 그것을 길들인다. 하지만 통계학은 우연과의 만남에서 발생하는 유일무이한 경험이나 설명을 뛰어넘는 변화를 고려하지 않는다.

**병의 고지**

반대로 말하면 통계학의 발달은 우리가 매일 직면하는 사건과 그 경험이 뜻대로 되지 않는 우연에 지배되고 있다는 사실을 알려준다. 예를 들어 평생 동안 암에 걸릴 확률은 남성이 65퍼센트, 여성이 50퍼센트 정도다.[11] 치료 방법도

---

11. "일본인이 평생 암을 진단받을 확률은(2019년 데이터에 기반) 남성 65.5%(두 사람 중 한 명), 여성 51.2%(두 사람 중 한 명)". https://ganjoho.jp/reg_stat/statistics/stat/

경험을 통해 통계에 근거한 효과가 측정되고 표준적인 치료로 매뉴얼화되어 있다.

그러나 실제로 암에 걸린다는 것은 각 환자에 따라 다른 의미를 갖는다. 병과 어떤 식으로 만나게 되었는가는 사람마다 다르며, 그것을 어떻게 받아들이는지, 병에 어떻게 대응하는지, 이후의 생활을 어떻게 하는지는 당사자의 연령이나 가족관계, 사회관계에 따라 크게 달라진다. 우연한 사건에 대해서는 받아들이는 쪽의 반응도 개별적이며 다양하다. 진단명이 같은 병이라고 해도 한 사람 한 사람의 스토리는 다르다. 우연한 사건을 둘러싸고 한편으로는 통계학을 이용해 길들이려고 하는 방향성이 있으며, 다른 한편으로는 우연이 가득한 인생에 스토리를 부여해 의미를 찾는 방향성도 있다.

이어서 두 사람의 암 환자 이야기를 인용해 본다.

**마나부 씨**: 두 번째(재발했을 때) 들었을 때도, 서서히 느껴지긴 했지만 충격이었습니다. 역시나 일이 손에 잡히지 않는다고 할까. (……) 일을 하거나 치료하는 중에는 그런 불안이

---

summary.html(국립 암 연구 센터 〈최신 암 통계〉, 2022년 11월 28일 최종 열람).

없었지만요. 혼자 있을 때 멍하니 생각하다 보면 역시 불안해져서 자동차를 운전할 수 없는 상태가 되거나 (……) 집으로 돌아가는 도중에 역시나 무척 불안해져서 잠깐, 아주 잠깐만 쉬려고 할 때도 역시 서서히 불안이 밀려온다고 할까.[12]

Y 씨: 검사를 하면 할수록 점점 절제하는 범위가 넓어졌습니다. 최종적으로는 [혀의] 3분의 2 이상을 잘라야만 했고, 일단 수술 뒤 자르는 범위가 더 넓어질지도 모른다는 말도 들었어요. 그런 만큼 꽤나 절망적인 기분이 들었죠. 그렇게 잘라내면 상당한 후유증 남는다는 것을 여러 사람들 체험담 같은 것을 봐서 [알았으니까요]. (……)

역시 그저 살아남는다는 것이 제게 어떤 의미인지. (……) 그저 살아가는 게 아니라 살아있어도 산더미 같은 후유증을 안고 살아가는 것은. (……) 사람을 사람답게 해주는 커뮤니케이션적인 기능이나 식사를 하는 기능이 손상되는 것은 정말 고통스러운 일이었습니다.[13]

---

12. 가와바타 아이, 《진행 암을 앓는 사람이 이야기하는 '죽음'》, 일본간호협회출판회, 2023, p.17(원저자에 의한 강조는 지웠음).
13. 히다카 나오, 〈암 서바이버의 '동요'와 변화에 관한 검토-A 씨의 라이프 히스토리에서〉, 《연보 인간 과학》(오사카대학 인간과학연구과), 2022. 인용에서는 A 씨를 Y 씨로 변경했음.

마나부 씨는 암이 재발했다는 고지가 죽음의 접근을 알리는 것인 만큼 '혼자 있을 때 멍하니 생각하다 보니 역시 불안해져서 운전을 할 수 없는 상태'가 되었다. 이에 비해 Y 씨의 경우는 '절망적인 기분이 든' 이유가 죽음의 예감 때문이 아니라 '상당한 후유증'이 남는 것에 있었다. 두 사람이 병의 고지를 접했을 때의 반응은 무척이나 다르다. 마나부 씨의 경우는 죽음이 눈앞에 보여서 일이 손에 잡히지 않았지만, Y 씨는 예후가 좋지 않게 진행된 설암이었음에도 불구하고 죽음이 아니라 후유증에 대한 주의 쪽에 집중했고, 치료 후의 QOL(quality of life)를 걱정했다. 물론 마나부 씨의 경우는 암이 재발한 것이었고 Y 씨는 처음 발생한 암이라는 큰 차이가 있지만, 그렇다 하더라도 한 사람 한 사람이 병을 받아들이는 방식은 다르다는 사실을 알 수 있다.

병은 당사자에게는 우연한 사건으로, 각자 스스로에게 의미 부여를 해야만 한다. 자기 나름대로의 의미 부여는 사건으로 받은 충격을 기점으로 해서 스토리를 만들며, 그 스토리는 다른 사람 혹은 자신을 둘러싼 경험을 말하는 것으로 이루어진다.

통계는 어떤 확률로 암에 걸리는지 등의 통계적 지표를 부여해 주지만, 병이 갖는 의미는 환자마다 각각 다르다.

각자 병을 어떻게 받아들이고 어떤 식으로 병과 함께 살아갈지는, 본인이 다른 사람에게 말로 이야기하는(혹은 이야기하지 않는 것을 선택하는) 등의 일이 없으면 의미 부여를 할 수 없다.

우연을 매개로 이루어지는 이야기는 말로 설명하기 어려운 불합리한 현실에 대해 최소한 납득할 수 있는 말과 행위로써 응답하는 행위다. 찾아낸 말은 장면에 적합하지 않을 수도 있고 위화감이 남을지도 모르지만, 말할 수 없는 게 있다는 것 자체도 경험의 중요함을 알려주는 증표다.[14] 경험을 전부 이야기하는 일은 불가능하다. 하지만 경험은 이야기함으로써만 의미를 가질 수 있다. 경험과 이야기 사이에는 이러한 긴장 관계가 존재한다.

경험의 중요함은 말로 표현하기 어려우며 그런 까닭에 우리는 불완전하더라도 이야기를 통해 경험의 살아있음에

---

14. 이야기와 의미를 중시한 심리학자인 제롬 브루너(Jerome Bruner)는 다음과 같이 말했다. 트러블이란 우연한 사건에 의해 인생의 흐름이 교란되는 것이다. "트러블이라는 개념이 전제로 하는 것은 행위는 목적에 잘 합치해야 한다는 것, 수단은 장면에 적합해야 한다는 것이다. (……) 스토리는 완결을 향해 정당화할 수 있도록 정당성의 범위 내에서 탐구를 시도한다. 트러블을 제외할 수 없을 경우 트러블은 대략적으로 설명되고 스토리는 '리얼한 생활 그대로'가 된다." 제롬 브루너, 《의미의 복권》, 미네르바쇼보, 2016, p.72. 번역을 일부 변경했다. 트러블은 의미 부여와 함께 스토리 안에서 회수되어야 하지만, 의미를 부여할 수 없는 부분이 남는다. 이와 같은 트러블이 있는 까닭에 스토리(이야기) 역시 '리얼한 생활 그대로', 즉 리얼이 된다. 트러블이야말로 리얼함을 보증하고 스토리를 생생하게 구동시키는 것이다.

대해 응답하려고 한다. 불합리하고 의미 없는 현실에 잠깐이라도 의미를 부여함으로써 더 살아남으려는 시도가 이야기라는 행위다. 즉흥적이고 절박한 이야기를 꼼꼼하게 분석할 때, 우연한 사건에서 살아남은 사람 고유의 '형태'가 보이는 것이다.

## = 2 ● ÷ ✦　　　　　　　　　　섞이지 않는 리듬

**리듬의 뒤얽힘과 경험의 다이너미즘**

아무것도 할 일이 없는 한가한 시간은 굉장히 천천히 흐르는 듯이 느껴진다. 반대로 즐거운 시간은 눈 깜짝할 사이에 지나간다. 이처럼 시간의 길고 짧음은 삶의 다이너미즘이라고 말할 수 있다. 경험의 다이너미즘은 좌표를 설정할 수 없고 계측도 불가능하다. 오히려 그것은 당사자에게 그때마다의 복잡한 리듬으로 경험된다.

또 덧붙이자면 경험의 다이너미즘은 단순하지 않다. 천천히 흐르는 시간, 빠르게 흘러가는 시간처럼 대략적으로 하게 된 경험도 그 안에 복잡한 시간의 경험을 담고 있다. 경험의 다이너미즘이 내포하는 복잡한 리듬의 뒤얽힘을 추려냄으로써, 말로 표현하기 어려운 사건의 리얼한 경험을 파악할 수 있다.

예를 들어 제5장에서 A 씨의 이야기를 검토할 때 정제되지 않은 리듬을 강조했다. A 씨, 각성제 사용으로 정서가 불안정한 어머니, 동생 둘 등 네 사람 사이에 성립한 긴장감은 '금방', '계속', '항상', '가끔', '언제나' 등 경우에 따라서는 모순되는 섞이지 않는 리듬을 통해 명백해졌다. 이야기를 분석해서 그 리듬을 추려냈을 때 비로소 영케어러가 짊어지고 있는 복잡한 상황이 생생하게 떠오른다.

**리듬의 복잡성**

리듬은 단일한 것이 아니다. 그런 까닭에 특정 장면에서 경험할 수 있는 리듬은 대개의 경우 상이한 리듬이 뒤엉킨 복잡한 것이 된다. 예를 들어 암 환자를 전문적으로 돌보는 간호사의 이야기를 인용해 본다.

> C 씨: 체력적으로 떨어져, 체력의 저하가 생기면⋯⋯ 반드시 그 길을 걷게 마련이지만, 환자분이. 체력이 저하되어 정말 평범하게, 건강하게 지내시던 분[이], 어떤 분이라도 계속 쇠약해지면 할 수 있는 일을 **조금씩** 할 수 없어지거든요.

……그래서, 저기, 방을 나와 자동판매기에서 이런 페트병 녹차를 사러 가는 일이 일과였던 환자분이 계셨는데, 그분이 "오늘은 페트병이 무척 무겁게 느껴진다"라고 말씀하셨어요. 이 [페트병] 무게도 그렇고, 발걸음도 무겁겠지만, 이 무게가 일단 더 큰 거예요. 그래서 **차츰** 직접 사러 가는 일이 불가능해졌다고, 매일매일 그 이야기를 해주셨어요.

(……) 그런 이야기를 시작한 분들은 반드시 [죽음에 대해] 이야기하고 싶은 분이에요. 네에, **차분히, 차분히** 듣다 보면요. 그렇게 매일매일 조금씩 할 수 없게 되는 경험을 하는 가운데, **점점 점점** 죽음이 다가오는 거죠, 자신에게. ……그러니까 그 공포가 있는 거예요. 자신이 아무것도 하지 못한다는 공포도 있지만, 그와 동시에 죽음도 **점점** 다가온다는 공포가 있고, 자기 자신이 할 수 있는 일을 **점점** 빼앗긴다는, 빼앗겨 간다는 이야기를 하면서, 죽음에 대해 이야기하는 분들이 많은…… 거죠.

환자는 '조금씩', '차츰' 쇠약해지는 것을 체감하고 **내부적으로** 느낀다. 동시에 어딘지 알 수 없는 **외부에서** '점점 점점' 죽음이 다가온다.[15] 그런 환자의 감각은 간호사인

---

15. 다른 곳에서도 외부에서 찾아오는 사건에 대해 '점점'이 사용되었다.: "환자분이, 새

C 씨가 '차분히 차분히' 듣는 가운데 두드러진다. 이처럼 이야기를 하는 C 씨 본인도 알지 못하는 사이에 여러 가지 서로 섞이지 않는 리듬이 등장한다. 정확하게 말하면 이 장면은 C 씨가 환자와의 대화에서 느낀 리듬이지만, 삶의 리듬은 대개의 경우 한 사람의 마음에 머물러 있는 것이 아니다. 여러 사람과의 교류 속에서 떠오르는 것이다. 그런 까닭에 C 씨의 이야기를 통해 환자의 리듬도 그려볼 수 있다.

다양한 리듬이 삶을 관통하지만 그것은 '마음속' 사건이 아니라 환경 전체에 침투한 다이내믹한 사건이다. 앞의 인용에서 '조금씩', '점점', '차분히', '차츰' 하는 식으로 서로 섞이지 않는 리듬이 C 씨와 환자의 만남에서 떠오르는 것을 볼 수 있다. 물론 '점점'과 '차츰'을 이끌어 낸 C 씨의 '차분한' 이야기 청취는 두 사람 사이에서 일어난 사건으로, 단순히 C 씨의 주관적인 감각은 아니다. 우리 경험의 다이너미즘은 마음속이나 신체, 대인 관계에까지도 영역을 갖는 다양한 리듬의 복합체이다. 객관성에 대치되는 것은 주관성이 아니라 공동 **경험의 다이너미즘**인 것이다.

---

로운 일을 점점 점점 받아들여야만 한다."

# 변화의 다이너미즘

## 순식간에 바뀌는 상황

특정 장면에서만 복잡한 리듬이 발생하는 것이 아니라, 상황 전체의 리듬이 변화하는 일도 있다. 이를 경험의 다이너미즘 중 하나인 '변화의 다이너미즘'이라고 부른다. 이 변화의 다이너미즘은 상황이 급박하게 변화하는 동시에, 개인의 경험이 폐쇄적인 것이 아니라 공동의 것이 된다. 다시 A 씨를 인용해 보자. 어머니가 약물 때문에 체포되기 전과 체포된 뒤의 이야기에 주목해 보겠다. 먼저, 체포 전을 회상하는 장면이다.

필자: 어떤 기분이었나요? 그, 울고 있을 때요.

A 씨: 집에 가도 이제 엄마가 없으니까요. 그렇지만 저, 저 자신은 엄마가 약을 하고 있다는 사실은 조금씩 눈치채고 있었습니다. 보통 집에 돌아가면 엄마는 있었지만 누워있는 상태였고, 주사기가 놓여있기도 하고, 그런 풍경을 보곤 했으니까요. 여동생, 남동생도 아마 알고 있었을 거예요. 그렇지만 **그건** '당뇨병 환자용 주사'라고 들었고, 그렇지만 살짝 조직폭력배 같은 사람들이 자주 오기도 했으니. 그러니까 대충은 알고 있었죠. 그것을 실제로 이야기하기도 했어요. 눈에 띄었을 때 "이건 뭐야?" 하는 느낌으로요. 그러니까 눈치챈 것을 알면서도 어떻게 잘 얼버무리는 느낌으로. (……) 아마 [어린이] 마을도 그때 **눈치채지 않았나 잘 모르겠어요. 그렇지만 아마 눈치를 챘겠죠. 알고 있었을 거라 생각**합니다. 그렇지만 반대로 우리 어머니도 성실한 사람이었거든요. 도시락 같은 것도 엄청 열심히 싸주셨고, 그런 게 갑자기 사라지면 역시 알아차리지 않을까요. 그러니까 아마도 알았을 거라 생각해요. '알았을 것'이라고 말하는 건, 저는 딱히 이야기한 적이 없었으니까, 어땠을지는 잘 모르겠습니다.

이 이야기에는 앞에서 주목한 '점점', '계속', '갑자기'와 같은 상황을 설명하는 데에서 서로 섞이지 않는 리듬도 등장하지만, 주목해야 할 점은 다른 데 있다.

A 씨는 '그렇지만'이라는 단어를 사용하면서 각성제 복용에 대해 알아차리고 있었다고 밝히면서도 '(어머니가) 잘 얼버무리는' 애매한 상태였다고 했다. 그리고 자신이 머물렀던 어린이 마을의 직원들도 '알고 있었는지 잘 모르겠다. 그렇지만 아마 알고 있었을 것'이라면서 애매한 상태였음을 밝혔다. 알고 있었는데 '그렇지만' 얼버무렸다. 알고 있었는데 '그렇지만' 모르는 척한 것이다. 알아차렸는지 알아차리지 못했는지 어중간한 상태에 A 씨는 놓여있었던 것이다. 그 사실이 '그렇지만'이 많이 사용되는 것으로 표현되었다.

하지만 어머니가 체포된 뒤에 대해서는 이야기하는 방식이 갑자기 바뀐다.

A 씨: 엄마 때문에 전혀 필요하지 않은 지식을 얻었다고 할까, 법적인 행위를 했다고 할까, 법원에 가본 적도 없었거든요. 재판에 왔을 때는 일단 수갑은 채워져 있었지만, 그래도 그것이 너무 생생하게 보이지는 않게 손수건 같은 것으로 가려져 있더군요. 결국 보고 말았지만요.
그리고 진술서는 정말 엄청났습니다. 그렇게나 두꺼운 두께의 진술서를 전부 읽더라고요. 그렇지만 변호사님이 가지고 있는 것을 내가 "보고 싶다"라고 하니까 "정말 봐도 되겠냐?"면서 "꽤 여러 가지 일이 상세하게 적혀있다"고 하더군요. 그때부터, 어렸을 때부터 그런 걸 알고 싶은 마음이 꽤 강했습니다. 그래서 "괜찮다"고 하고 전부 봤죠. 제가 알고 있는 사실 중에는 아마도 엄마는 제가 모를 거라고 생각한 것이 많을 거예요. 그 정도로 많이 봤죠.

체포된 뒤의 시점을 떠올리며 이야기할 때는 '지식을 얻었다', '보고 말았다', '전부 보았다', '알고 있다', '많이 보았다' 하면서, 상황을 모두 알고 있는 사람이 이야기하는 것처럼 말한 것이다. 체포 뒤의 이야기에서는 애매한 망설임이 없어지면서 상황의 위치가 크게 변한다. 체포 전에는 애매한 상황을 애매하게 이야기했지만, 체포 뒤의 A 씨는 분명히 자신이 놓인 상황과 어머니의 약물과 관련된 사실을 알게 되었다고 말한다. 이렇게 A 씨는 자신의 미래 목표를 향해 걸어나가게 된다.

이 사실은 이야기 안에서 '알게 되었다', '전부 보았다' 같은 인지와 관련된 동사의 변화와 '그렇지만'이라는 접속사의 유무로 표현된다. 인지와 의지의 변화에 의해 상황 전체가 질적으로 변한 것이다. 이것이 말투의 변화로 반영되었고 그것이 암암리에 느껴진 덕분에 듣는 사람 및 읽는 사람은 이 이야기를 리얼하게 느낀다. 경험의 생생함은 그런 가운데 다양한 리듬이 싸우고 내적으로 변해가는 다이너미즘을 나타내는 까닭에 리얼한 것이다.

변화의 다이너미즘의 예를 또 하나 들어보겠다. 다음 장면에서는 방문 간호사가 어느 젊은 암 환자를 간호하는 장면을 이야기하고 있다. 먼저 가족 사이의 원활하지 않은 리듬이 언급된다.

방문 간호사 E 씨: 연말에 그분이 돌아가셨을 때, 아이가 셋 있었는데, **점점** 악화되는 것을, 겨울방학을 하고부터 계속 곁에서 보고 있었는데 항상 웃고 있었어요. 아이들이요. 뭐 가장 나이가 어린 아이는 어머니 옆에서 울고 있었지만요. **항상, 항상** 울고 있었는데 중학생인 언니들은 스마트폰을 보거나 주간지를 보거나 TV를 보면서 웃고 있었어요. 그렇지만 그 언니들도 "이제 엄마는 새해를 맞이하지 못할 거야" 하는 사실을 아버지를 통해 들었을 텐데, 이 아이들은 어머니가 옆에서 구토를 하고 있어도, "어머니 등을 두드려 주렴" 하고 말을 해도 "**아까** 두드려 줬어요"라면서, 어머니가 옆에서 구토를 하고 있는데도 그렇게 말하면서 어머니 곁으로 가지 않더군요. 정말 '이 아이들은 지금 어떤 기분일까?' 생각했습니다.

어머니의 상태가 '점점' 악화되는 것을 '계속' 보고 있다는, 가족 전체에 영향을 끼치는 기본적인 리듬이 존재하는 가운데 막내는 어머니 옆에서 '항상' 울고 있다. 이에 비해 첫째와 둘째는 '항상' 'TV를 보거나 웃으며' 어머니 곁에 다가가려 하지 않는다. 섞이지 않는 리듬이 삐끗거리고, 가족들은 엇갈리고 있다.

간호사 입장에서 환자 가족에 대한 케어 또한 중요한 일이지만, E 씨에게는 첫째와 둘째의 마음이 블랙박스 역할을 한다("이 아이들은 지금 어떤 기분일까?"). 이렇게 어머니와 딸들의 사이가 소원한 가운데 간호는 이루어졌다.

하지만 어머니가 돌아가시는 순간에 커다란 리듬의 변화가 일어난다.

E 씨: 결국 돌아가셨을 때, 그분의 아버지에게서 "E 씨, 숨을 안 쉬는 거 같아요"라고 전화가 왔어요. 제가 갔을 때는 이미 돌아가신 상태였는데 그때도 그 중학생 아이들은 다른 방에 있었고, "어머니 몸이 금방 차가워질 거야. 어머니 몸을 만져

드리렴" 하고 말하면서 그 아이들의 손을 어머니의 배에 가져다 대주었더니…….

그랬어요, 돌아가셨을 때도 그런 태도여서 "어머니 몸이 차가워질 거야"라고 말하며 어머니 배에 세 사람의 손을, 이렇게 가져다 댔더니 "엄마 아직 따뜻해요"라고 말하더군요. "그렇지만 금방 차가워질 거야"라고 하니까 **계속** 만지면서, 그렇게 만지면서 **그제야** 그 언니 둘이 눈물을 뚝뚝 흘리기 시작하길래 '아, 드디어 조금이나마 우는구나. 감정이 조금 생겼나 보네. 그래도 내가 그 중학생 아이들에게 조금 더 현명하게 행동했다면 이 아이들도 조금 더 감정을 표현하거나 더 잘 행동하지 않았을까' 하는 생각이 들었지만, 그것도 잘 모르겠어요. 왠지 그런 일들이 반복되더군요. (침묵)


돌아가신 어머니 옆에 세 딸이 모이고, E 씨가 그들의 손을 어머니의 배에 가져다 대자 첫째와 둘째도 막내와 마찬가지로 눈물을 '뚝뚝' 흘리는, 이런 리듬으로 울기 시작한다. 아이들이 어머니 옆에 모여, 아직 따뜻하지만 '금방' 차가워질 배를 '계속' 만지는 가운데 세 자매의 리듬이 일치한 것이다. 여기서 '그제야' 상황이 변했다. E 씨가 아이들의 손을 가져다 대는 시점부터 상황이 크게 바뀐다. 앞에서 삐끗거렸던 리듬이 자매가 함께 눈물을 뚝뚝 흘리는 조화로운 상태로 변한 것이다.

E 씨는 아이들의 손을 어머니에게 가져다 댐으로써 가족의 상황이 변화할 수 있는 매개가 되었다. 복수의 인물로 이루어진 상황 전체가 리듬을 둘러싸고 다이내믹하게 변화하는 것을 경험했으며 이 사실이 생생하게 전해진다. 이런 변화의 다이너미즘은 직접 겪어본 사람만이 느낄 수 있다.

이처럼 변화의 다이너미즘은 상황 내부에 있었던 당사자의 이야기를 분석할 때 비로소 명료한 모습을 갖춘다. 제5장에서는 경험을 나타내는 '이야기', 제6장에서는 '경험의 내실'에 대해 살펴봤는데, 다음 장에서는 경험이 이야기하는 것을 내부의 시점에서 어떻게 분석하고 사고하는지를 다루고자 한다.

제7장

생생한 경험을 포착하는 철학

**1** = ● ÷ +           **경험 내부에서의 시점**

**숫자의 속박에서 벗어나기**

지난 장에서 경험의 생생함은 우연성이나 리듬 같은 다이너미즘으로 나타난다고 이야기했다. 그런 까닭에 제7장에서는 이 경험의 생생함을 포착하는 방법에 대해 생각해 보고 싶다. 이 책의 논의는 객관성과 수치화에 대한 과도한 신뢰가 경험의 생생함을 지워버린다는 지적에서 시작되었다. 그런 만큼 경험을 존중하고 포착해 내기 위해서는 '객관'과는 다른 시점을 취할 필요가 있다. 이번 장에서는 그중 하나인 '현상학'이라 불리는 사고법을 설명한다.

수업을 하던 중 "일할 의사가 없는 사람을 세금으로 구제하는 것은 이상하다"는 학생의 의견을 듣고 신경이 쓰인 것은, 그들이 통치자의 시점으로 말하고 있다는 점이었다. 정책을 결정하는 권력의 시점에서 '선악'을 판단하는 것이다. 학생은 통치자의 입장에서 생각하고 말한 것이겠지만, 사실 그것은 국가 권력의 논리에 사고를 빼앗겼다는 사실을 나타내기도 한다. 학생은 한 사람의 시민이므로 그들이 실제 생활에서 느끼는 감정이나 가까이 있는 가족 또는 친구의 시점에서 사회적 과제를 생각할 수도 있다. 그렇다면 '한 사람 한 사람의 개별 경험'이라는 시점에 집중하는 일이 중요해진다.

한 사람 한 사람의 개별 경험은 객관적 학문에서는 버릴 수밖에 없는 것으로 간주되어 왔다. 한 사람 한 사람의 우연하고도 변하기 쉬운 다양한 경험은 바로 그 변하기 쉽다는 이유로 과학에서 가치를 잃었다. 하지만 변하기 쉬운 성질이나 우연, 개별성 안에서야말로 경험의 무게감이 깃든다. 객관적 학문을 통해 수많은 유익한 지식을 얻을 순 있겠지만, 그렇다고 자신의 경험이 가진 개별성을 저버릴 필요는 없다.

이 책에서는 숫자에 의한 속박에서 탈출하는 방법을 찾아왔지만, 그것은 숫자나 객관성을 버리자는 뜻이 아니다. 반복해서 말하는데, 문제는 객관성**만을** 진리로 여기고 신봉하면 경험의 가치가 축소되고, 또 경험을 숫자로 전환하면 삶의 중요한 요소인 우연성과 다이너미즘을 잃어버리게 된다는 것이다. '객체화와 수치화만이 진리의 장이 아니다'라는 사실을 이해할 방법이 필요하다.

### 경험 내부에 시점 두기

지금부터 객관과 다른 시점, 즉 '경험 내부에 시점을 두는 사고법'을 제안하고자 한다. 단, 이 '경험 내부'라는 것은 몇 가지 이유로 인해 '주관'이 아니다.

첫 번째 이유는 이는 자기 자신에 대해서만이 아니라 다른 사람의 경험에 대해서도 그 사람의 위치에서 출발하고 기술하는 방법이기 때문이다. 다른 사람을 객체화하는 것이 아니고, 다른 사람에게 공감하거나 감정을 이입하는 것과도 다르며, 다른 사람의 경험에 대해서 그 사람의 시점 내부에서 개별적으로 기술하는 방식을 말한다.

두 번째로, 이 방법은 '마음속'이라는 의미에서의 주관을 묘사하는 것이 아니다. 어떤 사람의 경험은 다른 사람과의 교류나 갈등, 어디에선가 시작된 사건이나 사회, 경제, 역사가 복잡하게 얽힌 상황에서 발생한다. 누군가의 경험을 그 사람의 마음속에 가두는 일은 불가능하다. 그러므로 경험 내부에 시점을 두는 일은 대인 관계나 사회, 역사가 서로 복잡하게 뒤엉키는 것의 확장을 해보려는 시도이기도 하다.

'경험 내부에 시점을 두는 사고법'은 우리 한 사람 한 사람의 경험이 갖는 개별성과 무게를 중시한다. 예를 들어 병이나 장애가 있거나 차별을 당한 당사자의 경험, 그리고 곤경에 처한 사람을 도와주는 돌봄 노동자의 실천은 그 고통이나 어려움이 사람마다 다르다. 그것들은 개별 사회 상황이나 인간관계 안에서 나타난다. 그런 까닭에 객관적인 진단명이나 직종명으로 일반화해 이야기하는 일은 불가능할 만큼 섬세한 디테일이 존재한다. 이 사고법은 이러한 디테일을 소중히 여긴다.

물론 병의 증상이나 차별을 낳는 사회구조에는 사회 차원의 공통 항목이 있다. 그러나 외부의 시점에서 대상화하여 유형화하는 것만으로는 본인의 경험에서 중요한 고통이 누락되고 만다. 한편으로 개인의 어려움에서 출발해 사회구조를 그리면 병이나 장애, 빈곤이나 차별 속에서 어떤 식으로 살아왔는지가 명확해진다. 사회의 틈새로 쫓겨 나간 사람의 경험을 존중하기 위해, 개별적인 경험을 집어낼 수 있는 방법이 필요한 것이다.

## 현상학이라는 방법

이 '경험 내부에 시점을 두는 사고법'은 몇 가지가 있지만 이 책에서 제안하는 것은 '현상학'이라는 사고법이다. 프로이트(Sigmund Freud, 1856~1939)가 정신분석학을 만든 때와 같은 1900년 무렵, 오스트리아의 철학자 에드문트 후설(Edmund Husserl, 1859~1938)은 현상학을 창시했다. 그 뒤 메를로퐁티(Maurice Merleau-Ponty, 1908~1961)와 사르트르(Jean Paul Sartre, 1905~1975)를 비롯해 중요한 현상학자가 몇 명이나 등장한다.

에드문트 후설은 수학이나 자연과학이 객관적 진리를 확보할 수 있는 이유가 무엇인지 생각해 보았다.[1] 그리고 자연과학적인 객관성이 진리가 되기 위해서는, 객관이 진리라는 사실을 보증하는 구조가 과학을 수행하는 인간 안에, 그리고 객관적 자연과학 바로 앞에 있어야 하지 않나 생각했다. 후설은 객관의 **바로 앞에** 존재하는 기반을 생각하는 방법으로 현상학을 제안한 것이다.

이러한 토론을 할 때면 '뇌의 작용을 조사하면 되지 않을까?' 하고 의문을 품는 사람도 있지만 뇌과학으로는 해결할

---

1. 에드문트 후설, 《현상학의 이념》, 다테마쓰 히로타마 옮김, 미스즈쇼보, 2000.

수 없다. 그 이유는, 뇌과학은 뇌를 '객체'로 취급하고 그 '메커니즘'을 객관적으로 조사하는 학문이기 때문이다. 이미 객관이 성립되어 있다는 사실을 전제로 하는 학문인 것이다. 그런 까닭에 뇌과학으로는 객관의 바로 근처에 있는 기반을 볼 수 없다.

후설 자신은 '인간의 인식 구조는 보편적이므로 내성을 통해 인류에 공통되는 기본 구조를 파악할 수 있다'고 생각했다. 그리고 인식이 테마인 까닭에, 누구에게나 공통되는 것이라 볼 수 있는 지각(知覺)과 상기(想起)에 초점을 맞추었다. 그러나 나는 인식이 아니라, 당사자 및 지원자가 어떤 식으로 사회 상황으로 인해 움직이고 응답하는가 하는 그 태도와 행위에 관심이 있다.

그런 까닭에 나 자신은 에드문트 후설과 달리 매번의 구체적이고 우연한 경험과 행위에 초점을 맞추고자 한다(후설의 제자였던 하이데거(Martin Heidegger, 1889~1976)는 경험이 지닌 우연적인 성격을 사실성이라고 불렀다[2]). 그런 분석의 구체적인 예는 사실 제5장, 제6장에서 이야기한 내용 그대로라 할 수 있다.

---

2. 마르틴 하이데거, 《하이데거 전집 63. 온톨로지(사실성의 해석학)》, 시노 겐지 옮김, 도쿄대학출판회(온디맨드판), 2021.

예를 들어 제5장에서 영케어러로 자란 쇼타 씨는 '보통'이라는 단어를 상대화하면서 자기 삶의 방식에 의미를 부여했다. 쇼타 씨와의 인터뷰 중에 나온 '보통'이라는 단어의 의미는 데이터 안에 있는 언어들 간의 관계에서 확정되는 것으로, 누가 분석해도 거의 같은 결과가 나온다. 즉 분석한 사람의 주관이 아닌 것이다. 그리고 이 기록과 서술은 사회 상황 안에서 벌어진 격투이므로 쇼타 씨의 주관에 갇혀있지도 않다. 쇼타 씨의 행위나 대인 관계 및 사회관계는 개별적인 스타일을 가지고 있으며, 그 스타일은 섬세한 단어의 배치를 분석하는 것으로 명확해진다.

마찬가지로 제5장의 A 씨 역시 '그렇지만'이라는 단어의 사용 유무를 통해 A 씨를 둘러싼 환경이 가진 리듬의 변화와 당사자의 행동 변화를 알렸다. '그렇지만'이라는 단어에서부터 시작해 A 씨의 눈으로 환경과 행위를 읽어나가는 일인칭 세계의 기술 기법이 현상학이다. 일인칭이기는 해도 대인 관계로 확대된다. 마찬가지로 제6장에 등장한 방문 간호사 E 씨의 이야기에서는 간호하는 장면에 나오는 환자와 가족의 삐끗거리는 리듬이 시신을 손으로 만지게 하는 일을 통해 최종적으로 조화를 이뤘다. 이런 살아있는 리듬을 읽어내는 기법 또한 역시나 경험의 다이너미즘을 포착하는 현상학의 한 측면이다.

　삶의 흐름을 **내부에서** 좇을 때 보이는 이 궤적은 필연적으로 그 사람의 개별적인 궤적이다. 하지만 그것이 이야기될 때, 또 다른 날에는 다른 사건이나 다른 이야기 방식이 될 수도 있으므로 우연한 이야기가 된다. 경험뿐 아니라 이야기도 개별적이고 일회적인 것이다. 생생함을 포착하려면 이야기와 경험 둘 다의 경험성을 캐치해야만 한다.

　이야기하는 사람의 경험은 한 사람 한 사람의 개별적인 것이지만, 오히려 그렇기 때문에 독자를 촉발시킬 수 있다. 객관적인 지식이 아닌 현상학적인 분석은 독자를 촉발시키고 행위를 촉구한다.

## =2●÷+ 현상학의 윤리

**타자 표상의 폭력 피하기**

지금까지 설명해 온 당사자의 경험이 지닌 개별성과 디테일을 존중하는 방법은, 약자나 차별을 겪는 사람의 경험을 최대한 존중하는 방법이 될 수 있다.

사회과학은 타자에 대한 연구로, 연구의 테마는 질병이나 장애를 가진 사람들일 수도 있고, 약자의 입장에 놓인 사람, 사회에서 배제되고 업신여김을 당하는 사람일 수도 있다. 그런 경우 연구자라는 주류 측의 강자가 상처 입은 비주류를 연구하는 구도가 된다. 이때 연구자가 연구 대상이 되는 사람들에게 (학문에 근거하는 척 얼핏 보면 당연하다고 할 수 있는 '객관'이라는) 딱지를 붙이는 경우도 드물지 않다.

예를 들면, 착취당하고 차별받는 소수민족(일본에서는 아이누나 오키나와 출신 사람들)을 주류 출신 연구자가 고고학이나 역사학의 개념으로 고찰한다. 얼핏 생각하면 중립적인 개념이니 괜찮지 않느냐는 사람도 있겠지만, 당사자의 의향을 무시하고 외부의 시선으로 본 이미지를 적용하는 일은 폭력 및 소비 행위가 될 수 있다.[3] 다수의 사회과학이 객관성을 존중하는 까닭에, 곤란을 겪고 있는 당사자에게 외부에서 가져온 딱지를 붙여서 설명한다. 그렇게 외부에서 가져온 개념을 적용하는 일은 당사자의 경험을 왜곡시킬 수 있다.

타자에 대해 언급하면서 타자에 대해 침해가 되지 않는 말은 어떤 것일까? 이는 무척이나 어려운 물음이다. '공감하면 괜찮다'고 하는 사람도 있을지 모르지만, 공감은 그렇게 간단한 일이 아니다. 감정이입은 단순한 선입견일 수도 있다. 상대의 의도를 왜곡하고 카타르시스를 얻음으로써 상대를 소비하고 마는 경우가 있는 것이다. 공감은 이야기하는 당사자의 경험을 색안경을 끼고 보게 하고 왜곡시킬 수 있다. 그렇다면 어떻게 하면 좋을까?

---

3. 이시하라 마이, 〈사상으로서 소비되는 '아이누'〉, 《사상 특집 '홋카이도·아이누−입식 식민주주의 150년'》 1184호, 2022.

타자에 대해 연구하면서도 존중하기 위해서는 다음과 같은 조건을 충족할 필요가 있다.

(1) 이야기하는 사람의 말을, 반복이나 착각 등도 포함해 가능한 한 존중해서 재록(再錄)할 것. 그렇게 함으로써 당사자의 신체성 및 개별성이 보존된다.
(2) 이야기의 문맥을 중시하기 위해 오직 한 사람의 이야기를 많이 인용하여 논문화할 것(여러 명의 이야기를 단편적으로 토픽별로 정리해서 인용하지 말 것).
(3) 이야기의 디테일을 존중하는 분석을 행할 것(외부에서 가져온 이론이나 개념 도식에서 빌려온 설명을 적용시키지 말 것).
(4) 분석하는 연구자 자신이 어떤 사회적 입장에 있는지, 이야기하는 사람과 어떤 관계에 있는지를 음미할 것.

이 네 가지 조건을 충족시키는 방법은 몇 가지 있지만 현상학도 그중 하나다.

한 사람의 이야기를 분석해서 한 편의 논문을 쓸 때는 그 사람이 어떤 경험을 해왔는지 하는 '형태'가 이야기하는 사람의 시점에서 그려지는 세계와 함께 두드러진다. 이런 기술과 분석에 성공하면, 다른 개념을 덧붙여 왜곡시키거나 선입견 같은 공감으로 왜곡시키는 일을 최대한 피할 수 있다. 타자 표상이 지닌 폭력성을 어느 정도 피할 수 있는 것이다.

단 이러한 일은 양날의 검과도 같다. 개인 정보가 지워져 있다고 해도 그 사람의 삶의 스타일을 적나라하게 노출하므로 이야기를 존중하는 일 자체가 침습적(侵襲的)인 것이 될 위험이 있다. 그런 까닭에 나는 처음 원고를 쓰는 과정에서 이야기 당사자에게 원고를 보여주고 허락을 받은 다음에 분석을 공표하고 있다.

타자의 말과 경험을 존중하는 일, 그리고 타자를 존중하는 태도를 존중하는 일(즉 타자에 대한 폭력을 허용하지 않는 것), 이는 근본적인 윤리적 태도다. 현상학적인 태도는 근본적인 면에서 윤리로 이어진다.

**개별과 우연을 획득할 때, 사람은 서열에 의한 속박에서 해방된다**

한 사람 한 사람의 시점에서 본 세계를 존중하는 기술(記述)의 도달점은, 개별의 경험을 그 구조나 배경과 함께 그려내는 일이다. 또 한 사람 한 사람의 경험은 질적으로 다르므로 비교할 수 없는 부분을 반드시 가진다. 그리고 이 독자적인 부분이야말로 듣는 사람이나 독자를 촉발시킨다.

마침 영케어러였던 한 여성과의 인터뷰 중에 그 사실을

적확하게 표현하는 부분이 있어서 여기 인용해 보겠다. 사쿠라 씨는 모자 가정의 외동딸로 자랐고, 우울증 탓에 약물을 이용한 자살 미수를 반복하는 어머니를 초등학교 때부터 계속 돌봐왔다. 중학교 때 어머니가 병원에 입원하면서 니시나리에 있는 어린이 마을에 거주하게 되었고 그곳에서 곤란한 환경에 처해있는 다른 아이들과도 만난다. 그중에는 A 씨와 쇼타 씨도 있었지만, 유소년기부터 부모와 떨어져 어린이 마을에서 자란 소녀와 자택에 불을 질러 부모님과 형제를 죽게 한 소녀도 있었다.

사쿠라 씨: [어린이] 마을에 와서 처음으로 알았어요. 저와 똑같은, 경우는 다르지만 똑같은 고통을 느끼는 사람이 있다는 것을요. 고통이란 게 누구 쪽이 더 힘들다든가, 누구 쪽이 더 어렵다 [하는 건] 절대로 없어요.
그건, 왜냐하면 매일 시장에 가는 일이 고통스러운 아이도 있을 거잖아요. 우리 입장에서는 '시장 정도는 매일 혼자서 가도 괜찮아'라고 생각할 수 있지만 그 아이는 '왜 나만?'이라고 생각할 수도 있으니까요. 똑같은 고통인 거죠.

"고통이란 게 누구 쪽이 더 힘들다든가, 누구 쪽이 더 어렵다 [하는 건] 절대로 없어요." 영케어러라면 누구의 경험이든 심각한 것이므로, 누구의 경험이 더 낫다 어떻다 하는 비교는 성립되지 않는다. 누구나 각각의 곤란과 각각의 상황에서 대처하는 힘을 가지고 있다는 사실을 사쿠라 씨는 경험 속에서 직시하고 있다. 아이들의 경험은 각각의 무게감을 지닌다. 이 무게감을 존중하기 위해서는 각각의 경험을 자세히 듣고 그려내는 수밖에 없다.

이런 일을 가능하게 하는 것이 물론 현상학만은 아니다. 예를 들어 세심하게 만든 다큐멘터리 영화도 가능하다. A씨, 쇼타 씨, 사쿠라 씨가 거주했던 어린이 마을의 남자아이들을 주인공으로 만든 영화 〈마을에 오니 좋아요〉(시게에 요시키 감독, 2016)에서는 아이들을 주인공으로 해서 그들이 겪는 어려움을 자세히 그려냈다.

영화에는 주인공 중 한 명인 중학생이 전교생이 모인 자리에서 자신에게 지적장애가 있다는 사실을 고백하는 장면이 있다. 그는 일본어를 자유롭게 구사하지 못하는 외국 국적의 부모님 밑에서 여러 명의 형제들과 함께 극도의 빈곤 속에서 생활하다가 어린이 마을의 지원을 받아 자란 사람이다. 전교 학생들을 앞에 두고 하는 연설 장면에서 그는 친구들의 도움에 고마워하면서, 놀림당하는 일에 대한 분함

영화 〈마을에 오니 좋아요〉 포스터.

과 이과 분야에서 성공하고 싶다는 희망을 이야기한다. 그는 지능 테스트나 학력 테스트로 서열화되는 이 사회에서 부조리함을 온몸으로 직접 경험하고 있을 것이다. 그러나 아이를 자세하게 찍은 카메라 화면에서 그는 비교당하는 일 없이 친구들에게 둘러싸인 모습 그대로 반짝인다 (영화는 편집 단계부터 꼼꼼하게 본인의 확인을 받은 뒤 공개되었다).

## 개별 경험을 존중하는 일은 '이념'에 닿는다

통계적인 평균치나 다수의 항목으로서 추출한 일반성은 보편적인 것이 아니다. 나치스에게 박해받은 끝에 스페인 국경에서 자살한 독일의 사상가 발터 벤야민(Walter Benjamin, 1892~1940)은 다음과 같이 썼다.

> 보편적인 것을 평균적인 것으로 설명하려는 것은 본말을 전도한 일이다. 이념이야말로 보편적인 것이기 때문이다. 이

에 비해 경험적인 것은 그것이 극단적인 것으로, 좀 더 정확하게 식별할 수 있는 것일수록 그만큼 깊숙이 그 핵심에 다가갈 수 있다. 개념은 이 극단적인 것에서 비롯된다.[4]

벤야민은 평균으로 얻은 과학적 일반성과는 다른 곳에 보편과 이념이 있다고 생각했다. 개별성을 극도로 추구한 그 끝에 개념이 있다고 본 것이다.

현대사회에서 보편성은 논리적인 필연성이나 측정의 정확성 혹은 통계에 의해 얻어진 것이라 여겨진다. 그 귀결은 다수의 샘플을 모아서 측정한 평균치나 경향성이다. '보편성(universality)'이란 어원적으로 모든 것에 적용된다는 뜻이므로, 모든 것이 아니라 대다수의 샘플에 공통되는 것이라면 '일반성', '타당성'이라고 부르는 편이 바람직하다. 어느 쪽이든 다수의 샘플이 일반성으로 이어질 때, 한 사람 한 사람의 경험이 의미를 지닐 여지는 사라진다.

개별 경험은 진리에서 분리된 것일까? 다수 안에서의 공통 항목이나 평균치와는 다른 유형의 진리가 있는 것은 아닐까? 나는 의료 및 복지 현장에서 오랜 세월에 걸쳐 조사

---

4. 발터 벤야민, 《독일 비극의 근원 上》, 아사이 겐지로 옮김, 지쿠마학예문고, 1999, p.24.

를 해왔지만, 사실 경험의 개별성이 갖는 진리는 다른 누구에게라도 진리이지 않을까 생각한다. 약자의 입장에서 박해를 받은 사람의 경험은 항상 의미를 갖고 울려오기 때문이다. 발터 벤야민이 말한 '극단적인 것에서 비롯되는' '개념'은 윤리적인 방향성을 가리킨다. 즉 개별 경험이 낳는 '개념'이 누구에게나 의미가 있는 공통된 '이념'으로서 윤리적인 '보편'을 나타내는 것이다.

이 윤리적인 보편은 '인권'이라고 부르는 것과 겹친다. 개별적 경험을 존중한다는 것은 모든 사람을 존중한다는 의미다. 아무도 외면당하지 않는 세계를 지향하는 일과 이어지는 것이다.

마지막 제8장에서 지금까지 해온 이야기를 바탕으로 생각할 수 있는 사회의 구성 방식에 대해 논의하고 이 책을 마치고 싶다.

# 제8장

# 경쟁에서 탈출했을 때 보이는 풍경

마지막 제8장에서는 지금까지 한 이야기를 통해 볼 수 있는 바람직한 세계의 모습을 그리고 싶다. 차분한 자세로 한 사람 한 사람의 자세한 목소리와 이야기를 듣고 응어리를 풀어, 수치에 근거한 경쟁이 아닌 서로 간의 교류를 통해 돌아가는 사회는 어떤 모습일까?

그전에 우선 지금까지 해온 논의를 돌이켜 보자. 제1장과 제2장에서는 우리 한 사람 한 사람이 겪는 삶의 고통을 배경으로 객관성에 대한 과도한 신뢰가 있다는 사실을 지적했다. 자연도 사회도 마음도 객관화되면서, 내부에서 생생하게 살아있는 경험의 가치가 줄어들었고 삶은 점점 더 어려워졌다.

제3장과 제4장에서는 수치가 과도하게 힘을 가진 세계에서 사람들이 경쟁에 내몰리는 모습을 그렸다. 수치에 지배당하는 세계는 과학적 타당성이라는 이름 아래 한 사람 한 사람의 개별성이 사라져 버리는 세계로, 인간의 개별성이 회사나 국가를 위해 삭제되고 톱니바퀴가 되는 세계였다. 서열화된 세계는 유용성 및 경제성으로 가치가 측정되는 세계이기도 하다. 약자 입장에 놓인 사람들은 쉽게 배제되고 다수파(메이저리티)의 눈에 보이지 않게 되면서, 경우에 따라서는 생존마저 위협당한다.

과학의 발전과 함께 객관성과 수치의 가치가 높아지면서 개별적인 생생한 경험이 잊히기 쉬워졌다. 하지만 한 사람 한 사람 상이한 개별 경험을 그 사람의 시점에서 존중하는 일은, 곤란한 지경에 빠져 틈새로 내몰린 사람의 목소리를 듣는 노력과 같다. 제5장~제7장에서는 이러한 사람들의 목소리를 듣는 일에 대해 생각해 보았다. 이야기를 꼼꼼하게 읽었을 때 보이는 경험의 습곡을 제5장에서 설명했고, 제6장에서는 살아있는 경험의 내실을, 생의 우연성과 변화해 가는 다양한 리듬이라는 시점에서 고찰했다. 또 제7장에서는 이야기와 경험을 이해하기 위한 방법으로 현상학을 제안했다.

한 사람 한 사람의 목소리를 존중하는 일을 사회 전반으로 확대해서 생각하면 배제되는 사람이 없다는 것이 되며, 이는 모든 사람을 존중한다는 뜻이기도 하다. 이 책에 등장하는 다양한 이야기도 곤란의 소용돌이 안에 있었던 이들이나 힘든 지경의 사람을 돌보는 이들의 것이었다. 아무도 외면받지 않는 세계의 형태를 생각하는 일이 제8장의 주제가 되었다.

한 사람 한 사람의 경험을 존중하는 세계에서는 서로가 서로를 돌보게 된다. 애당초 우리 모두는 누군가에게서 돌봄을 받고 누군가를 돌보고 있다. 아기일 때 누군가의 돌봄을 받지 않으면 생존할 수가 없고, 병에 걸렸을 때나 죽음의 순간에도 돌봄을 받는다. 즉 모든 생애에 걸쳐 다른 사람에게서 돌봄 받는 일을 필요로 한다.

하지만 동시에 우리는 누군가를 돌본다. 아기가 부모의 삶의 보람이 될 때 사실은 아기야말로 부모를 돌보고 있다고도 말할 수 있다. 일상적으로 서로가 서로를 돌보고 있을 뿐 아니라, 돌봄을 받고 있는 것처럼 보이는 '당사자' 역시 항상 누군가를 돌보고 있으며, 특히 그 사람을 돌보는 지원자를 지탱하고 있다. 그리고 지원을 실천하는 일은 누군가에게 돌봄을 받지 않는 한 계속할 수 없는 업무이기도 하다. 애당초 서로가 서로를 돌봐주는 것은 어디에서나 항상 있는 일이다. 그렇다면 아예 돌봄을 중심축으로 하는 커뮤니티를 만드는 일은 불가능할까?

**21세기 문화로서의 돌봄**

돌봄을 중심축으로 하는 커뮤니티에는 성과주의와 서열화에서 배제된 사람의 목소리를 들을 수 있는 길이 있다. 잘 들리지 않는 SOS 신호를 캐치해서 생존할 수 있는 길을 만든다. 뿐만 아니라 보이지 않는 틈새에서 곤궁한 생활을 하는 사람을 찾아낸다. 물론 그 전제로 다수파에 속한 사람이 스스로가 가진 특권을 자각하는 일이 필요하다.

일본에서는 2019년에 399명이었던 자살한 어린이의 숫자가 코로나 사태 중이었던 2020년에는 499명으로 사상 최고치를 기록했고, 2022년에는 500명을 넘었다.[1] 원래부터 가정폭력 등 어려운 처지에 있던 아이들이 학교라는 피난처를 잃었기 때문일 것이다. 어쩌면 그 배경에 학대가 있었는지도 모른다. 죽은 한 사람 한 사람이 어떤 불합리한

---

1. "코로나 사태 중 아동 및 학생의 자살 등에 관한 현상에 대해", 문부과학성, 2021년 2월 15일(https://www.mext.go.jp/content/20210216-mxt_jidou01-000012837_003.pdf, 2021년 10월 15일 열람). "작년 아동 자살, 과거 최악의 512명……40%가 남자 고교생", 《요미우리신문》, 2023년 2월 28일(yomiuri.co.jp/national/23228-OYTIT0221/, 2023년 3월 9일 최종 열람).

상황에 있었는지를 생각하면 가슴이 아프다. 또 같은 시기에 출입국재류관리국에서 일어난 비인도적인 폭력이 연일 보도되기도 했다. 특히 2021년 3월 6일에 있었던 스리랑카 출신 위슈마 씨의 어처구니없는 사망 사건은 많은 사람이 기억하는 일일 것이다. 21세기 들어 출입국재류관리국에서는 자살을 포함해 18명이 사망했다.[2] 외국 국적을 가졌다는 이유만으로, 사람이 죽어도 별 신경을 쓰지 않는 것이다. 어린이나 외국 국적을 가진 사람 같은 약자 입장에 놓인 사람의 인권이 간단히 무시되는 나라에서 우리는 살고 있다.

어처구니없는 일은 그 외에도 많이 있다. 나 역시 올바르게 처신하지는 못했다. 그러나 비합리적인 폭력이나 배제, 억압이 정당화되는 사회와 제도에 저항하는 커뮤니티를 만드는 사람도 각지에 있다. 여러 가지 의미에서 어두운 시대이기는 하지만 경쟁에 지친 사람들 사이에서 각성이 확산되면서, 누구나 안고 있는 약점을 매개체로 한 '커뮤니티 케어'라 불리는 커뮤니티가 조용히 늘어나고 있다. 어려움이나 상처를 가진 사람들이 모여 서로를 위로하는 피어(peer) 서포트 커뮤니티가 다양한 분야에서 보이게 된 것은 21세

---

2. 도쿄변호사회, "입관 수용 문제에 관련된 연표에 대하여"(https://www.toben.or.jp/know/iinkai/foreigner/news/post_17.html, 2023년 1월 27일 최종 열람).

기에 들어와서다. 그들 커뮤니티는 법률이나 규범에 의해 구속되는 국가, 회사, 학교 같은 사회집단의 틈새를 봉합하며, 비상업적이고 자발적으로 모인다. 그 형태나 크기는 다양하다. 예를 들면 각지에 있는 당사자 연구 그룹이라든지 약물의존증을 앓고 있는 사람들이 만든 다르크(DARC) 등을 쉽게 떠올릴 수 있다.

여기에서는 내가 그런 장소 중 하나인 오사카시 니시나리구의 여러 사람들에게서 배운 것을 이야기하고 싶다. 제안한 개개인의 이야기와 경험을 존중하는 사고법을 사회적 실천으로까지 확대하고 실현한 사례다.

**거처**

나는 오사카시 니시나리구 북부라는 일본 유수의 빈곤 지구에서 2014년부터 육아 지원 현장을 경험했다. 니시나리구 전체의 생활보호 수급률은 23퍼센트로, 북부로 한정하면 어려운 환경에서 생활하는 가족은 더욱 많았다. 환경 탓에 다양한 문제가 발생한 것은 분명한 사실이었고, 아이들에게도 가족 돌봄이나 등교 거부 같은 문제가 산더미처럼 쌓여있었다.

하지만 학대 상담 건수는 과거 10년 동안 늘어나지 않은 상태였다. 이 지역에는 생활보호 세대가 많을 뿐 아니라, 장애수첩이나 치료교육수첩(療育手帳, 일본에서 지적장애나 발달장애가 있는 사람들에게 교부되는 수첩 - 옮긴이)을 가지고 있는 아이들 및 부모도 많은 만큼 빈곤과 장애 같은 겹겹의 곤란에 처해있다는 사실이 명백한 까닭에 이는 놀라운 일이었다.

이 지역을 살펴보면 확실히 빈곤층은 현저히 많았지만 놀이터에 모이는 아이들은 (일본 도시 지역에서는 이미 찾기 어려워진) 에너지를 가지고 있다. 거칠기는 하지만 겁 없이 웃는 얼굴로 어른들과 함께 논다. 그리고 육아와 관련된 돌봄지원을 하는 많은 분들 역시 행복한 웃음을 짓고 있다. 아이들의 에너지와 어른들의 밝은 모습이 이 지역의 큰 매력으로 이는 법률이나 행정의 지도에 의해 강요된 형태가 아니라, 아이들도 어른들도 스스로가 주도해 커뮤니티를 만들고 있다는 사실과 이어진다.

니시나리 북구는 그다지 넓지 않은 지역에 아이들의 거처가 몇 군데 존재한다. 두 군데 이상의 거처를 오가는 아이들도 있고 거처를 하나로 정한 아이들도 있다. 등교를 거부하는 아이들을 위해 만들어진 장소도 있지만, '어린이 마을' 같은 (0세부터 20세까지 어느 지역의 아이라도, 장애를 가지고 있든 없든) 누구나 모일 수 있는 놀이터(겸 긴급 시 대피소 겸 부모와 함께 살 수 없는 아이들을 위한 패밀리 홈)도 있다.

앞에서 인용한, 중학생 때 어린이 마을에 거주했던 쇼타 씨는 그곳을 처음 방문했을 때의 인상을 다음과 같이 말했다.

> 쇼타 씨: 처음엔 어색했습니다만 점점, [어린]아이들은 그런 거 관계없이 "같이 놀자"든가 뭔가를 "같이 하자"고 말을 걸어오잖아요. 그렇게, 이쪽은 어색했습니다만, 저쪽이 계속 그렇게 말하니까 점점 익숙해져서 받아들이게 되었고, 아이들과 사이도 좋아졌죠. 그랬더니 직원들이랑도 점점 사이가 좋아지게 되더라고요. (……) (어린이) 마을의 직원들은 겉과 속이 그다지 다르지 않다고 할까, 솔직하게 대해주니까 신뢰할 수 있게 되었습니다.

쇼타 씨의 말을 통해 어린이 마을은 나이를 초월해 모두가 사이좋게 지내고 서로를 신뢰할 수 있는 거처라는 사실을 알 수 있다. "어린이 마을은 어떤 곳이냐?"라는 내 질문에 쇼타 씨는 다음과 같이 말했다.

> 쇼타 씨: 거처라고 하긴 좀 그렇고, 가족이었죠. 직원들은 형이나 누나가 되어주었고 쇼호 도모코 관장님도 엄마처럼, 이

모처럼 대해주었어요. 제가 가장 안심할 수 있는 장소, 다른 곳에서 여러 번 실패했더라도 그것을 받아줄 수 있는 장소라고 생각합니다. 그러니까, 제가 넘어지더라도 다시 일어설 수 있고 실패하더라도 다시 힘을 낼 수 있었죠. 어린이 마을이 있고, 저를 받아주고, 머물 곳이 있었기 때문에, 넘어지고 실패해도 다시 힘을 낼 수 있었습니다. 그런 장소인 거죠.

가정에 어려움이 있어서 초등학생 때도 중학생 때도 등교를 하지 않았던 쇼타 씨는 어머니가 체포되자 어린이 마을이라는 거처를 만나 다른 사람과 관계를 맺게 되고 그 후의 인생을 펼칠 수 있었다. 쇼타 씨는 중학교 시절을 어린이 마을에서 보낸 다음, 구치소에서 돌아온 어머니와 함께 살기를 스스로의 의지로 선택했다. 그때 관장인 쇼호 도모코 씨는 "[어디에서 누구와 살지는] 네가 결정해라, 온 힘을 다해 도울 테니까"라며 쇼타 씨의 의지를 존중해 주었다고 한다. 어린이의 목소리를 중심으로 하는 커뮤니티를 만드는 일은 어린이 한 사람 한 사람의 목소리를 듣는 일부터 시작된다. 통계를 이용한 추상적인 제도를 통해서가 아니라, 한 사람 한 사람의 목소리를 존중하는 일에서부터 더 나은 사회를 만들려는 시도가 가능해지는 것이다.

### 아웃 리치(방문 지원)

어려운 환경에 있는 아이들이 안심할 수 있는 거처, 목소리를 높일 수 있는 장소가 중요하다는 것은 말할 필요도 없지만, 거처가 있는 것만으로 커뮤니티가 성립되는 것은 아니다. 아이들의 삶이 어렵다는 것은 가족 전체가 어려운 지경에 빠졌다는 뜻이다. 한 사람 한 사람의 얼굴에서 가족 전체가 처한 어려움, 그리고 제도나 환경의 미비함을 알아차리는 시선이 니시나리에는 있다. 아이와 부모를 함께 지원해야 할 필요가 있을 때도 있고, 부모를 돕기 위해 자택을 방문하는 생활 지원을 하거나 혹은 지자체나 병원에 동행하는 등의 지원이 필요한 경우도 있을 것이다.

예를 들면 쇼타 씨의 등교 거부 뒤에는 우울증과 각성제 의존증을 앓던 어머니가 걱정되어 밖에 나가지 못했다는 사정이 있었다. 어머니가 보육원 출신이고 부모의 존재를 몰랐던 사실을 감안하면, 그 어머니 역시 큰 곤경에 처한 상황에서 육아를 하며 고생스럽게 살고 있었으므로 우선은 어머니에 대한 다양한 지원이 필요했을 것이다. 어머니는 각성제에 의존해 삶을 이어갔지만 쇼타 씨는 "[기댈 곳이] 거기밖에 없었기 때문에 [어머니는] 조직폭력배를 찾아갔다"고 말했다. 두 사람은 니시나리구에 온 뒤 다양한 지원 단체에 연결되었다. 니시나리구에는 두 사람을 지원하는 네트워크가 몇 겹으로 둘러쳐져 있었기 때문이다.

니시나리구에서 육아 세대의 가정 방문을 하고 있는 어린이 가정 지원 담당자인 슷치 씨는 다음과 같이 말했다.

> 슷치 씨: [집에] 가보면 이미 감각적이라고 할까, "······!" 이렇게 되는 가정도 엄청, 역시나 많고. 또 실제로 말을 하고 문을 열라고 해도 대부분이 이미 [자고 있어서] 문이 열리지 않는 가정도 많고, 학교와의 관계도 원만하지 않은 데다, 아이들도 학교에 가지 않는 상황이 많았어요. (······) [학교나 지원 단체와] 연결이 되지 않으니까 [적극적인 개입은 미루어지고] 지켜볼 수밖에 없는 사례 같은 상황이 많았죠. 그건, 지금도 '[집 안에] 들어가 봐야만 알 수 있는' 것은 엄청 많을 거라 생각합니다.

슷치 씨는 정신질환 등의 이유로 부모가 아침에 자리에서 일어나지 않고, 집이 어질러져 있고, 아이가 학교에 갈 수 없는 가정에 열심히 방문해서 관계를 만들고, 마중이나 배웅, 병원이나 지자체로의 동행 지원, 생활 지원 등을 하고 있다. 이렇듯 계속적인 관계의 구축 속에서 조금씩 변화가 일어나는 것이다. 이는 또한 학대를 미연에 막을 수 있는 예방책이 된다. 만약 부모가 육아에 지쳐 아이를 때리더라도, 아이가 지낼 수 있는 어린이 마을 같은 거처에 잠깐 머무르게 하면 되니까.

또한 이 지역에서 지원을 필요로 하는 어린아이들이 있는 가정 방문을 계속해 온 조산사 히로에 씨는 다음과 같이 말했다. 이어지는 이야기는 10대의 나이에 임신 및 출산을 한 어느 커플의 집을 방문했을 때의 장면이다. 불안정한 일용직에 종사하던 아이 아버지 역시 집에 있었던 상황이다.

**히로에 씨**: 정말이지 "아, 이래서는…… (위험해)!" 하는, 아기에게는 정말 '위험한' 상황이 있기도 해요. 그렇지만 아기 아버지들, 그러니까 17~18세의 남자아이들이 워낙 불량스러워서 "아……! (위험한데……)" 하고 느낀다기보다, 육아 방식도 나쁘긴 하지만 "우린 아기가 태어나도 아무도 축하해 주지 않아"라고 말하기도 하고.

히로에 씨는 아이가 위험하다고 느끼지만 그와 동시에 젊은 부모가 놓인 상황이 너무 가혹하다는 사실을 걱정한다. 학대를 할 위험이 있다고 느껴지는 가정이나, 의식주가 부족하고 아침에 잠자리에서 잘 일어나지 않는 '니글렉트(방치)'라 불리기도 하는 가정에서는 많은 경우 부모 또한 각각 큰 어려움을 지닌 채 살아왔으며 지금도 고난 속에 있다는 것이다. 히로에 씨는 "아무도 축하해 주지 않는다"라고 말한 젊은 아기 아빠의 말을 마음에 담아두고 있었다. 학대가 있었다고 해도, 금방 시설에 입소시켜 부모와 분리하는 식의 대응은 오히려 문제 해결을 포기하는 대처일 수도 있다. 부모와 아이 모두 생활에 대한 지원이 필요하며, 수요에 맞춘 지원이 가능하다면 아이를 부모에게서 떼어내지 않고 지역 내에서 생활하게 할 수 있을지 모른다. 아이들을 안전하게 지키는 일에는 아이들이 누구와 어떤 식으로 살기를 바라는지가 중요하다. 한 사람 한 사람의 목소리를 듣는 실천은 한 개인의 배경에 놓인 사회적인 상황을 듣는 일이기도 하다.

아이를 둔 부모만이 아니라 등교를 거부하는 아이들을 방문하는 교직원이나 지역의 지원자도 아웃 리치에 포함된다. 아무런 도움 없이 혼자 있는 아이들을 찾기 위해 ('도야'라고 불리는 간이 숙소 등) 거리 곳곳을 방문하며 찾아다니는 '아오조라 보육'(와카쿠사 보육원)이라는 단체가 있다. 니시나리에는 임산부 지원을 비롯해 아동기 그리고 그 이후에까지 걸쳐 중층적인 육아 지원을 위한 아웃 리치 시스템이 있기 때문에, 큰 어려움을 겪고 있는 사람도 이곳에 '오면 대체로 어떻게든 된다'(니시나리구의 캐치프레이즈)고 할 수 있다.

**어떤 사회가 만들어지고 있는가**

내가 니시나리에서 봤던 커뮤니티가 전국적으로 조용히 만들어지고 있는 듯하다. 뜻을 갖고 모인 자조(自助) 그룹 같은 작은 단체가 있는가 하면, 지역 전체에 걸쳐 어린이를 위한 지원을 하는 다직종 연계 네트워크 같은 큰 단체도 있다. 또 어린이와 고령자를 구분하지 않고 어려운 상황이 포착되면 누구든 지원하는 단체 역시 몇 개가 있다. 주민이 자발적으로 만든 그룹이 있는가 하면 지자체에서 만든 것도 있다. 각각의 상황에 따라 어떤 형태로 만들어지느냐는 다르겠지만, 21세기에 확산되는 커뮤니티 사이에는 어떤 공통된 성격이 있다. 강압적인 규범이나 경제적 가치에 따라 조직되는 것이 아니라 각각의 목소리와 작은 바람들에 의해 만들어진다는 것이다.

물론 작은 커뮤니티를 만드는 것만으로 지금의 사회문제가 해결되는 것은 아니다. 니시나리에서 풀뿌리 활동이 활발해진 이유는 애당초 정치권이 경제활동을 우선하고 빈곤이나 차별, 장애로 인한 장벽 등의 사회적 곤란을 방치하고 있었기 때문이다. 하지만 풀뿌리 활동의 존재를 정치가 복지를 등한시하는 구실로 삼아서는 안 된다. 우리는 국가를 위해 살아가는 것이 아니다. 반대로 국가는 우리가 살아가는 일을 지원할 의무를 지닌다. 대문자 정치(사상으로서의 정치-옮긴이)가 해야 할 일은 많다. 그리고 대문자 정치에서는 패러다임의 전환이 필요하다. 이때 한 사람 한 사람의 목소리에서 출발하는(bottom up) 방식으로 탄생한 작은 사회의 이념은 커다란 제도를 바꾸기 위한 모델이 될 것이 분명하다.

그런 까닭에 커다란 제도에 대해서 근본적인 개선점을 지적해 두고 싶다. 지금의 복지 제도는 연령 제한과 장애 등급으로 지원을 구분하기 때문에 불가피하게 '틈새'로 내몰린 사람을 만든다. 이 틈새를 만들지 않는 제도 설계가 반드시 필요하다. 그 요점으로는 세 가지가 있다고 본다.

### (1) 제도적인 배제와 억압을 해제할 것

내가 풀뿌리 커뮤니티를 칭찬하는 이유 중 하나는 일본에서는 위에서부터의 제도가 때로는 억압적일 뿐 아니라 배제를 동반하며 작동하기 때문이다. 부조리한 교칙이 있는 학교라든지, 아이가 배울 권리와 의견을 말할 권리, 외부와 연락을 계속할 수 있는 권리를 빼앗기는 아동상담소의 일시 보호소 등 구조적으로 인권이 침해되는 제도가 존재한다. 국가가 사람을 관리하고 생산성을 높이기 위한 인간 부재의 시점을 취해온 결과일 것이다.[3] 또 (나 스스로를 돌아보더라도 메이저리티인 까닭에 특권을 갖는) 개인이 관리적 제도의 시점을 내면화하여 약자 입장에 있는 사람을 억압하고 배제하려고 한다.

**(2) 아무도 혼자 남지 않는 사회, 아무도 생활에 불안을 느끼지 않고 살 수 있는 사회를 지향할 것**

한 사람 한 사람의 시점에 서고, 틈새를 만들지 않으려면 모두를 아우를 수 있는 제도가 필요하다. 즉 약자를 배려할 뿐만 아니라 모두가 안심할 수 있는 플랫폼이 필요하다. 국적이나 호적, 거주 허가증, 사회 속성(계층, 성별, 인종, 민족 등 본인의 의지와는 상관없이 타고난 특성-옮긴이), 수입에 관계없이 모든 사람의 기본적 인권 및 생활과 환경을 보장할 필요

---

3. "일본은 어린이의 행복도 (결과) 종합 순위에서 20위였습니다(38개국 중). 그러나 분야별 내역을 살펴보면 극단적인 결과가 혼재하는 '패러독스'라고도 할 수 있는 결과입니다. 신체적인 건강은 1위지만 정신적 행복도는 37위라는 최하위에 가까운 결과가 나왔습니다."(유니세프 보고서 〈리포트 카드 16〉 "선진국 어린이의 행복도 랭킹 및 일본 어린이에 관한 결과", 2022, https://www.unicef.or.jp/report/20200902.html, 2022년 12월 10일 최종 열람)

가 있다. 보편적인 교육, 복지, 의료 서비스는 이런 논의의 기반이 된다. 모두에게 이루어지는 서비스를 지향하면 틈새가 생기기 어려워진다.

### (3) 돌봄 노동을 정당하게 평가할 것

'약육강식'이 아니라, '사람은 약하다'는 사실을 전제로 하는 제도 설계가 필요하다. 무상 돌봄 노동에서의 젠더 불평등, 무상 가족 돌봄을 전제로 한 요양보험 제도, 혹은 복지 및 돌봄 직종에서의 비정규 노동, 저임금, 그리고 넓은 의미에서 돌봄 노동이라고 할 수 있는 초중고교 교직원을 옭아매는 노동 조건은 가부장제와 경제 편중이 만들어 낸 병폐다. 돌봄 노동자는 사회가 성립하는 데 불가결한 주체로, 돌봄을 중심축으로 하는 사회를 생각하는 관점에서라도 젠더와 경제 양쪽에서 현재의 가치관을 바꿔야만 한다.[4]

## 바텀업으로 만드는 사회

마지막으로 바텀업(bottom up) 방식으로 사회를 만들어 가려는 시도에 대해, 내가 오사카시 니시나리구에 머물면서

---

4. 케어 컬렉티브, 《돌봄 선언-상호 의존의 정치로》, 오카노 야요 외 옮김, 오쓰키쇼텐, 2021.

배운 요점을 설명하고 싶다.

### (1) 희미한 SOS 신호를 캐치하는 안테나

곤란을 겪고 있는 당사자는 어떤 환경에서든 무엇인가 사인을 보낼 수 있는 힘이 있다. 이 사인은 아이들의 절도나 부모의 학대 및 방임처럼 '문제'라 불릴 수 있는 형태를 취할 수도 있고, 분노를 폭발시키는 등의 굴절된 커뮤니케이션의 모습을 취하는 경우도 적지 않다. 하지만 이런 일들은 역경 속에서 보내온 SOS이기도 하다. 니시나리구에서 오랜 기간 임산부 방문 사업에 몸담아 온 조산사 히로에 씨는 과거 근무했던 병원에서 있었던 장면을 다음과 같이 말했다.

히로에 씨: 방금, 문득 떠올랐는데 아시하라 병원에서 있었던 일인데요. 외래에 있다가, "단발머리 불러줘!" 하고 누가 찾는다면서 불려 간 적이 있었어요. 산부인과 외래에서 저는 저 안쪽에서 다른 일을 하고 있었는데 [그 아이가] 접수처에 와서는, 이름은 못 외웠겠죠, 그러니까 "단발머리 불러줘!"라고 했을 테고, 저는 '단발머리면 나를 말하는 건가?' 하고 생각하면서 '뭔가 내가 잘못했나?' 하고 봤더니 엄청 불

량스러워 보이는 열일곱 살짜리가 있었어요. 후후, 그 아이가 절 찾은 거였어요. (……) 저를 '히로에 씨'라고 부르지 않고 '단발머리'라고 부른 거죠. 그렇지만 그 아이 입장에서는 '처음으로 사람을 찾은' 것인 모양이었어요. 그때까지는 열일곱 살이나 열여섯 살 정도일 거라 생각은 했지만 임신을 하고 와서도 그냥 입을 꾹 닫고 한 마디도 하지 않았거든요. 뭔가 '곤란한 일이 있어 왔다'는 느낌이긴 했지요. 하지만 아무튼 그런 식으로 어떻게든 관계가 만들어지더라고요.

'불량스러워' 보이는 10대 임산부가 산부인과 접수처에서 "단발머리 불러줘!"라고 소리를 질렀는데, 히로에 씨에게는 이 말이 "어려운 일이 있어서 왔어요"라고 들린 것이다. 즉 소녀의 불량스러운 말을 희미한 SOS 신호로 캐치한 것이다. 그리고 소녀 역시 아마 히로에 씨라면 "돈이 없다", "애인이 사라졌다", "구타를 당했다" 등등의 어려운 사정을 들어줄 것이라 생각하고 병원을 찾을 힘이 있었다. 즉 소녀와 히로에 씨 양쪽 모두의 힘이 만남을 만들어 낸 것이다.

당사자의 시그널을 'SOS' 신호로 캐치할 수 있을 때 비로소 그 시그널은 SOS가 된다. SOS를 발신하는 당사자의 힘과 무언가의 시그널을 희미한 SOS로 캐치하는 주변의 안

테나 양쪽이 만나야만 비로소 한 사람 한 사람의 목소리로서 의미가 있다. 애초에 지금 일본 사회에는 곤경에 처한 당사자가 이야기할 수 있는 환경이 충분하지 않다. 예를 들어 학교에서 아이들이 자신의 의견을 말하기가 쉽지 않다(아이들뿐만 아니라 교직원들 역시 자신의 의견을 말하기 어렵다)는 것이 단적으로 이를 상징한다고 할 수 있다. 아이들이 의견을 표명하고 의사 결정에 참여할 권리가 잘 지켜지고 있다고는 아직 말할 수 없다. 즉 작은 사회 만들기는 약자 입장에 놓인 사람들의 목소리를 듣는 것에서부터 시작된다.

그리고 지역사회에서 SOS 신호를 캐치하고 목소리를 듣기 위해서는 '아웃 리치'와 '거처'라는 두 가지 기본적 요소가 꼭 필요하다.

### (2) 틈새로 내몰려 보이지 않게 된 사람을 찾는 아웃 리치

니시나리구에서는 다양한 층에 걸쳐 아웃 리치 시스템이 작동하고 있다.

스스로 목소리를 낼 수 없어 보이지 않는 곳으로 쫓겨난 사람과 얼굴을 볼 수 있는 관계로 만날 필요가 있다. 아오조라 보육이 길거리의 아이들을 찾아다니는 것이나 노동 지원 단체가 길거리 생활자들을 찾아가 끈기 있게 말을 거는 활동은, 그야말로 틈새를 찾아 사람을 만나는 활동이라 할 수 있다. 틈새가 생기지 않는 것이 가장 좋고 누구나 목소리를 낼 수 있는 환경이 바람직하지만, 현실 사회에는 틈새가 있고 목소리를 내지 못하는 사람도 있는 만큼 그 틈을 찾아다니는 수밖에 없다.

### (3) 생활의 버팀목이 되는 아웃 리치

육아 지원이라는 단어를 고려하면, 조산사의 가정 방문부터 육아 보육 제도를 이용한 보육원에서의 생활 지원, 그리고 곤경에 처한 가정 방문 지원과 학교 교직원 및 소셜 워커(social worker, 복지 대상자를 선별해 병원이나 후원자 등과 연결해 주고 이들이 자립할 수 있게 도와주는 사회복지사-옮긴이)의 방문, 병원이나 관공서에의 동행 지원, 경우에 따라서는 가사 지원 등 중층적인 아웃 리치 네트워크를 정비해야 한다. 아이들이 의식주에서 어려움에 처하지 않고 폭력을 당하는 일 없이 행복하게 생활할 수 있도록 하려면 부모를 포함한 가족 전체의 생활이 안정되어야 한다.

앞에서 '방치'나 '등교 거부' 등 부정적인 딱지가 붙은 가정에서 어떻게 '영케어러'가 생겨나는지 그 사례를 설명했다. 이 경우 누군가를 나쁜 사람으로 만드는 게 아니라 사회가 부모와 아이의 생활을 지켜줌으로써 아이들이 스스로의 인생을 걷게 해줘야 하며, 원한다면 부모와 아이가 같은 지역에서 함께 살게 해주는 게 이상적일 것이다.

### (4) 여러 개의 거처

과거 길거리 생활을 강요당한 사람이 많았던 니시나리의 마을에서는 주거를 갖는 일이 생존의 최소한의 조건이었으며, 주택 공급이 극히 중요한 지원이라는 사실을 알게 해주었다. 하지만 살 곳이 있다고 해서 생존의 조건이 모두 충족되는 것은 아니다.

사람은 자신의 존재가 무조건적으로 긍정되는 장소를 필요로 한다. 몸이 편안할 수 있는 장소도 필요하다. 그 장소는 단순히 자택이 아니라 다른 사람과 함께 있을 수 있는 곳이어야 하며, 그런 까닭에 스스로의 존재를 긍정해 주는 거처여야 한다. 거처는 편한 마음으로 머물 수 있는 장소일 뿐 아니라 누구나 이용할 수 있고 역학 관계가 약한 장소, 노는 장소, 무엇이든 할 수 있는 장소, 아무것도 하지 않아도 되는 장소, 목소리를 낼 수 있는 장소, 서로 이야기할 수 있는 장소, 침묵할 수 있는 장소, 언제든 돌아올 수 있는 장소, 사회에서 실패해도 돌아올 수 있는 장소 등 다양한 의미를 갖는다. 또 거처를 은유적으로 생각하면, 틈새로 몰린 사람이 자신의 목소리를 낼 수 있는 환경이라는 의미도 있을 것이다.

거처는 일이나 학교생활 같은 사회 활동에서 조금 비켜설 수 있는 마음 편한 장소인 동시에, 그곳을 기점으로 사회와의 관계가 확산되는 곳이기도 하다. 그런 까닭에 거처는 자택과는 다르다.

지역 안에 복수의 거처가 있으면 자신이 편히 있을 수 있는 어딘가의 장소와 만날 수 있다. 집과 학교, 직장 이외에 그런 장소를 갖는 것, 평등한 관계를 쌓고 누구든 의지할 수 있는 장소가 있는 지역이 존재한다는 것, 이는 자기 자신의 생존을 무조건적으로 긍정하는 자원이 된다. 사실은 어린아이뿐 아니라 성인에게도 이런 장소가 필요하다.

중층적인 아웃리치로 돌보아 주고 돌봄을 받는 것, 여러 곳의 거처를 이용할 수 있는 것, 이런 장소가 성숙했을 때 한 사람 한 사람의 목소리를 듣게 된다는 것. 이것이 니시나리에서 내가 도출한 결론이다.

이 책은 객관성과 수치를 맹신하는 태도에 경종을 울리고 있다. 얼굴이 보이지 않는 데이터와 제도에서가 아닌,

한 사람 한 사람의 경험과 이야기에서 출발하는 사고법을 제안했다. 이런 사고는 사회적으로 어려움에 빠져있는 사람, 질병이나 차별로 고통받는 사람의 목소리를 존중하는 사회를 지향하는 일로 이어진다.

한 사람 한 사람의 얼굴과 목소리에서 출발하는 사회를 만드는 일, 그런 사회를 모델로 하는 탄탄한 제도를 생각하는 일, 힌트는 니시나리구처럼 어려움이 집적된 지역에 있지 않을까? 이렇게 말하는 이유는, 그곳에서는 제도적 지원만으로는 생존과 안전을 보장할 수 없는 탓에 눈앞에 있는 한 사람 한 사람의 얼굴과 목소리를 기점으로 하는 커뮤니티가 만들어져 왔기 때문이다. 이런 작은 장소야말로 모든 사람의 생존과 존엄이 보장되는 사회이자 바람직한 사회 제도의 모델이 아닐까? 그리고 한 사람 한 사람의 목소리를 듣고 응어리를 풀어나가는 현상학은, 이런 작지만 서로를 돌보는 사회의 생성을 흉내 내게 하는 동시에 이러한 커뮤니티를 설명하는 역할을 짊어진다.

## 후기

이 책을 집필하게 된 것은 2020년 지쿠마프리마신서의 편집자 하시모토 요스케 씨의 제안 덕분이었다. 내가 트위터에다 다음과 같이 중얼거린 것을 보고 "책을 써보시지 않겠습니까?" 하고 제안해 준 것이다.

> 학생들이 작성한 설문지에 "그건 객관적인 것인가요?"라든가 "객관적으로 보고 생각하고 싶습니다"라는 말이 자주 보인다.
> 나는 "객관 = 진리라는 것은 착각이다", "양적 연구도 어떻게 세팅하느냐에 따라 자의적이 될 수 있으므로 어느 쪽이 옳다고 할 수 없다"는 말을 반복해 왔지만, 객관성이라는 신

앙, 통계라는 신앙은 뿌리가 깊다.(2017년 7월 4일)

 이는 예전부터 계속 생각해 왔던 주제지만 말하고 싶은 것들을 정리하는 일에 3년이 걸렸고 2022년이 되어서야 쓰기 시작했다. 혼자서 집필하리라고는 생각하지 못했던 주제였지만 내게 무척 중요한 내용이었고, 제안을 하고 오랜 시간 기다려 준 하시모토 씨에게 정말 감사할 따름이다.
 실제로 대학에서 학생들을 가르치다 보면 학생들이 힘들어 보일 때가 많다. 경쟁과 근면함이라는 사회규범에 수많은 젊은이들이 점점 더 순종적이 되고 있는 것 같지만, 동시에 다른 형태의 삶의 방식을 찾는 사람 역시 적지 않았다. 어느 쪽이든 '경쟁과는 다른 방향성도 있다'고 생각하는 데 힌트가 된다면 무척 기쁠 것 같다. 현대의 독자를 상정하고 있지만 주장 자체는 100년 뒤든 1,000년 뒤든 인류가 생존하고 있는 한 타당한 것이리라고 본다. 애당초 숫자와 경쟁에 쫓기게 된 것은, 수백만 년이라는 인류의 역사 속에서 기껏해야 최근 200년 서구형 사회에서뿐이다.
 꼭 써야 할 내용은 목차를 구성한 시점에서 분명해졌지만 내 전문이 아닌 일을 이야기해야 하는 것에 대한 주저도 있었다. 객관성이나 숫자를 인용하는 과학이 불필요하다고 주장하는 것이 아니라 "진리는 그 외에도 있다", "한 사람 한 사람의 경험 내부에 시점을 두는 일은 중요하다"라고 중얼거리고 싶을 뿐이라는 사실을 이해해 주면 고맙겠고, 결코 기존 과학 그 자체를 비판할 의도는 아니라는 것을 말하고 싶다.

내 공부가 부족해서 충분하지 못한 부분도 많을 거라 생각하지만 비판은 달게 받겠다. 이 책의 요점은 삶을 생각하는 방식에 커다란 축을 제시하는 것으로 이것이 잘 전달되기를 바랄 뿐이다. 집필 과정에서 홋카이도 대학의 이시하라 마이 씨로부터 소중한 충고도 받았다.

쇼호 도모코 씨, 슷치 씨, 히로에 씨, 쇼타 씨, A 씨, 하루키 히카루 씨, C 씨, E 씨를 비롯해 지금까지 이 책에 등장한 연구를 도와주신 분들께 다시 한번 감사의 말씀을 전하고 싶다. 인터뷰를 자세하게 분석하는 현재 연구에 대한 경험을 쌓음으로써, 어떤 식으로 과학기술과는 다른 가치, 다른 학문을 제시하면 좋을지 이야기할 수 있는 토대를 얻었다. 직접적으로는 내가 만난 당사자 여러분과 돌봄 직종에 종사하는 여러분에게서 배운 다양한 '경험' 및 '이야기'야말로 이 책의 출발점이라 할 수 있다.

집필을 마치고 보니 이 책은 '내 입장에서의 현상학 입문'이라고도 할만한 성격을 갖게 되었다. 단 여기서 말하는 '현상학'은 고전을 읽는 철학사 연구가 아니다. 에드문트 후설과 메를로퐁티에게서 영감을 받아 우리 집단이 스스로 데이터를 모으고 우리의 힘으로 진행하는, 살아있는 현상학 실천이라고 할 수 있다. 수업이나 임상 실천을 위한 현상학회에서 발걸음을 같이해 주시는 분들에게도 고마움을 전하고 싶다. 우리가 하는 일이 현대의 학문에서 그리고 사회 전체에서 어떤 의미를 갖는지 알릴 수 있는 기회를 얻은 것은 정말 행운이었다.

2023년 봄, 오사카에서

## 참고문헌

安藤泰至,《安楽死・尊厳死を語る前に知っておきたいこと》, 岩波ブックレット, 2019.

ウルリヒ・ベック,《危険社会―新しい近代への道》, 東廉, 伊藤美登里訳, 法政大学出版局, 1998.

ヴァルター・ベンヤミン,《ドイツ悲劇の根源 上巻》, 浅井健二郎訳, ちくま学芸文庫, 1999.

エドウィン・ブラック,《弱者に仕掛けた戦争―アメリカ優生学運動の歴史》, 貴堂嘉之監訳, 西川美樹訳, 人文書院, 2022.

ジェローム・ブルーナー,《意味の復権―フォークサイコロジーに向けて》, 岡本夏木, 仲渡一美, 吉村啓子訳, ミネルヴァ書房, 2016.

ジェイムズ・クリフォード, ジョージ・マーカス,《文化を書く》, 春日直樹他訳, 紀伊國屋書店, 1996.

ロレイン・ダストン, ピーター・ギャリソン,《客観性》, 瀬戸口明久他訳, 名古屋大学出版会, 2021.

エティエンヌ・ド・ラ・ボエシ,《自発的隷従論》, 西谷修監修, 山上浩嗣訳, ちくま学芸文庫, 2013.

Descartes, R.(1967). *Œuvres philosophiques*, tome II (1638-1642). Paris: Garnier. (デカルト,《省察》, 山田弘明訳, ちくま学芸文庫, 2006)

エミル・デュルケーム,《自殺論》, 宮島喬訳, 中公文庫(改版), 2018.

エミル・デュルケーム,《社会学的方法の規準》, 菊谷和宏訳, 講談社学術文庫, 2018.

藤井渉,《ソーシャルワーカーのための反『優生学講座』―「役立たず」の歴史に抗う福祉実践》, 現代書館, 2022.

福田誠治,《競争やめたら学力世界一――フィンランド教育の成功》, 朝日新聞出版, 2006.

イアン・ハッキング,《偶然を飼いならす―統計学と第二次科学革命》, 石原英樹・重田園江訳, 木鐸社, 1999.

マルティン・ハイデッガー,《ハイデッガー全集63 オントロギー (事実性の解釈学)》, 篠憲二訳, 東京大学出版会(オンデマンド版), 2021.

日高直保,〈がんサバイバーの「揺れ」と変化に関する一検討: Aさんのライフヒストリーから〉,《年報人間科学》(大阪大学人間科学研究科), 2022.

堀内進之介,《データ管理は私たちを幸福にするか?―自己追跡の倫理学》, 光文社新書, 2022.

エドモント・フッサール,《現象学の理念》, 立松弘孝訳, みすず書房, 2000.

石原真衣,〈思想として消費される〈アイヌ〉〉,《思想 特集「北海道・アイヌモシリーセトラー・コロニアリズムの１５０年」》, 1184号, 2022.

ケア・コレクティブ,《ケア宣言―相互依存の政治へ》,岡野八代他訳, 大月書店, 2021.

川端愛,《進行がんを患うひとが語る「死」》,日本看護協力出版会, 2023.

九鬼周造,《偶然性の問題》,岩波文庫, 2012.

桑田昭三,《よみがえれ,偏差値―いまこそ必要な入試の知恵》,ネスコ, 1995.

松村一志,《エビデンスの社会学―証言の消滅と真理の現在》,青土社, 2021.

宮野真生子, 磯野真穂,《急に具合が悪くなる》,晶文社, 2019.

森下直貴, 佐野誠編著,《新版「生きるに値しない命」とは誰のことか―ナチス安楽死思想の原典からの考察》,中公選書, 2020.

ジョン・スチュアート・ミル,《功利主義》,関口正司訳, 岩波文庫, 2021.

小田中直樹,《歴史学のトリセツ―歴史の見方が変わるとき》,ちくまプリマー新書, 2022.

朴沙羅,《ヘルシンキ生活の練習》,筑摩書房, 2021.

アンリ・ポアンカレ,《科学の価値》,吉田洋一訳, 岩波文庫, 1977.

ヴィラヤヌル・S・ラマチャンドラン, サンドラ・ブレイクスリー,《脳のなかの幽霊》,山下篤子訳,角川文庫, 2011.

高橋澪子,《心の科学史―西洋心理学の背景と実験心理学の誕生》,講談社学術文庫, 2016.

玉手慎太郎,《公衆衛生の倫理学―国家は健康にどこまで介入すべきか》,筑摩選書, 2022.

友枝敏雄編,《リスク社会を生きる若者たち―高校生の意識調査から》,大阪大学出版会, 2015.

Weeks, R., & Widom, C. S.(1998), "Self-reports of early childhood victimization among incarcerated adult male felons", Journal of Interpersonal Violence, 13(3). pp.346.

横田弘,《障害者殺しの思想》,現代書館, 2015.

〈偏差値の生みの親・桑田昭三氏へのインタービュー〉,特定非営利活動法人全国語学教育学会, Newsletter, 14(2), 2010. 10.

〈コロナ禍における児童生徒の自殺等に関する現状について〉,文部科学省, 2021.

〈入管収容問題に関する年表について〉,東京弁護士会, 2023.

《津久井やまゆり園利用者支援検証委員会中間報告書》,津久井やまゆり園利用者支援検証委員会, 2020.

〈理化学研究所研究論文の疑義に関する調査委員会, 研究論文の疑義に関する調査報告書〉,理化学研究所, 2014.

〈先進国の子どもの幸福度をランキング 日本の子どもに関する結果〉,ユニセフ報告書,〈レポートカード16〉, 2022.

**인터뷰 출처**

村上靖彦,《在宅無限大－訪問看護師がみた生と死》, 医学書院, 2018.

井部俊子, 村上靖彦編著,《現象学でよみとく 専門看護師のコンピテンシー》, 医学書院, 2019.

村上靖彦,《子どもたちがつくる町－大阪・西成の子育て支援》, 世界思想社, 2021.

村上靖彦,《「ヤングケアラー」とは誰か－家族を"気づかう"子どもたちの孤立》, 朝日新聞出版, 2022.

옮긴이 김준

동국대학교 정치외교학과 졸업. 주간지, 월간지 기자를 거쳐 현재는 단행본 편집자로 다양한 장르의 기획편집 업무와 번역을 하고 있다. 주요 역서로《자숙을 강요하는 일본》,《일러스트로 바로 이해하는 수치화 생각법》,《지능의 역설》,《주거해부도감》,《소설 폭풍우 치는 밤에》, 만화《베르세르크》등이 있다.

## 객관성의 함정
수치와 통계에 가려진 진실들

초판 1쇄 인쇄 2025년 7월 14일
초판 1쇄 발행 2025년 8월 1일

지은이 | 무라카미 야스히코
옮긴이 | 김준
발행인 | 강봉자, 김은경

펴낸곳 | (주)문학수첩
주소 | 경기도 파주시 회동길 503-1(문발동633-4) 출판문화단지
전화 | 031-955-9088(대표번호), 9532(편집부)
팩스 | 031-955-9066
등록 | 1991년 11월 27일 제16-482호

홈페이지 | www.moonhak.co.kr
블로그 | blog.naver.com/moonhak91
이메일 | moonhak@moonhak.co.kr

ISBN 979-11-93790-89-2 03300

*파본은 구매처에서 바꾸어 드립니다.